Lb ⁴⁸ 1852

PLAIDOYER

ET

RÉPLIQUE

DE MONSIEUR

MADIER DE MONTJAU FILS,

PRÉCÉDÉS

D'un Avant-Propos et de l'Écrit intitulé :

MADIER DE MONTJAU PÈRE

AUX JUGES DE SON FILS;

ET SUIVIS

Des Conclusions et de l'Arrêt.

Il est des temps où rien n'est si périlleux et si difficile
que de prouver l'évidence.
Répl. devant la Cour de cassation.

A PARIS,

CHEZ DALIBON, LIBRAIRE,

PALAIS-ROYAL, GALERIE DE BOIS, N° 218.

1820.

AVANT-PROPOS.

—

Plusieurs corps de magistrature, s'élan-
çant hors de leurs attributions, firent entendre, après l'attentat du 13 février, des
demandes effrayantes par leur violence
et leur injustice ; ils parurent être ins-
pirés par la colère et non par la douleur.
On espéra que le ministre les rappellerait
à des sentimens à la fois plus dignes et
plus équitables. Après avoir vainement attendu cet acte de fermeté de la part du
gouvernement, je crus pouvoir, dans un
passage de ma pétition, protester, du
moins en mon nom et comme magistrat,
contre ces allocutions furieuses, fulminées
contre la nation entière. J'avais raison d'en
agir ainsi ; le silence absolu du ministère,
de ses orateurs et de ses écrivains sur cette
partie de ma pétition a bien prouvé
qu'elle était sans réplique, et cependant

le ministère n'a pas appelé la censure sur ces magistrats !

On en a vu faire en même temps partie d'une Cour souveraine et d'une commission militaire, et cependant le ministère n'a point appelé sur eux la censure !

On en a vu accusés par les journaux d'avoir *publiquement embrassé Troistaillons* pour le féliciter de sa mise en liberté (1) : on en a vu, dévorés d'un zèle que je m'abstiens de qualifier, m'accuser devant un auditoire immense d'être complice de Louvel, et cependant le ministère n'a point appelé sur eux la censure !

On en a vu demander, pour les assassins du midi et de l'ouest, une amnistie, et obtenir ensuite de magnifiques récompenses !

Aux yeux des ministres je suis donc *le seul* qui, depuis sept ans, ait encouru un reproche ! je suis *le seul* qui ait failli au milieu de plusieurs révolutions successives !

J'en félicite la magistrature française et son chef !

―――――――――――――――

(1) Voyez *la Renommée*.

Pour beaucoup de gens c'est néanmoins un spectacle singulier que celui
d'un magistrat connu et récompensé pour
son dévouement au Roi et au bien public,
fils unique d'un magistrat honoré lui-
même depuis trente ans pour l'attachement le plus prononcé à la légitimité et à
la monarchie, traduit devant la Cour su-
prême comme prévenu d'avoir voulu troubler l'état, jeter d'odieux soupçons sur nos
Princes, et favoriser un parti désorganisa-
teur, quand c'est une faction désorganisa-
trice qu'il dénonce et dont il déjoue les
vues ambitieuses et vindicatives.

Comment a-t-on attaqué ce magistrat?
par une doctrine sur le serment, subversive
des principes de la morale et de la conscience.

J'avais cru jusqu'à présent que tout serment qui n'a rien de criminel doit être tenu; que ce qui peut seul faire la crimi-
nalité d'un serment est la circonstance où
il s'associe au crime, où il produit un danger nouveau en le rendant plus difficile à
prévenir ou à poursuivre, où son résultat
serait un crime de plus; or mon engagement a tous les caractères contraires. Il a
contenu le parti dominateur par la crainte

d'une révélation commencée et dont la suite dépendait du ministère. Mon serment devait donc être observé ; il a été non-seulement innocent, mais avantageux.

Mais, dira-t-on, votre attaque contre les factieux les a enhardis au lieu de les affaiblir.

Tel n'a pas été le résultat de mon dévouement.

Ainsi je demandai dans ma pétition si la réorganisation de la garde nationale du Gard ne serait pas pour ce pays le plus grand des malheurs, et les ministres furent obligés de répondre que jamais le gouvernement n'avait eu le dessein de la rétablir ; je demandai si le procureur du Roi et le maire de Nîmes ne méritaient pas la plus haute confiance, et, quoique le bruit de la destitution de ces fonctionnaires eût été accrédité, les ministres répondirent que ces magistrats étaient en effet dignes d'éloges.

Ces déclarations, arrachées à la tribune à un ministre dont les factieux se vantaient insolemment de maîtriser la volonté, produisirent à Nîmes le plus salutaire effet.

Aussitôt après ma pétition les sicaires

reçurent ordre de s'abstenir de leurs vociférations homicides. Les factieux n'osèrent plus menacer ouvertement le repos public, et il aurait été difficile de le troubler si nous n'avions pas été violemment reportés au 4 septembre 1816.

Quant aux circulaires la France est demeurée et demeurera convaincue de la sincérité du témoignage que j'ai renouvelé *en face de Monseigneur le garde-des-sceaux.*

Les implacables ont reçu de ma main une blessure profonde : entendez-les maintenant ; voyez à quelles misérables ressources ils sont réduits pour affaiblir mon accusation ; et l'on prétendrait que j'ai fortifié ce parti : ah ! souhaitons-lui beaucoup de victoires semblables !

Ce n'est pas à moi que peut être imputé son audace : son triomphe éphémère a été amené par d'autres causes.

Ce qu'un simple citoyen pouvait faire je l'ai fait. Je n'avais ni puissance ni commandement ; mais j'ai offert à ceux qui avaient le pouvoir tous les moyens de vaincre. Ce n'est pas faute d'avertissemens qu'aura été perdue une occasion, unique peut-être, d'enlever sans secousses et sans déchiremens à des hommes dangereux une influence redoutable. Quant à moi j'ai vaincu la faction, j'ose le dire ; je l'ai vaincue en résistant à ses offres et à ses menaces ; je l'ai vaincue en l'obligeant à plus de circonspection ; je l'ai vaincue en montrant comment il faut la combattre.

Cependant je suis censuré !

Je me soumets à mon arrêt ; mais je dirai comme Galilée après sa condamnation : TOUTEFOIS LE GOUVERNEMENT OCCULTE EXISTE ET MARCHE.

Nota. L'ordre le plus sévère a été donné à la censure de ne laisser annoncer par aucun journal les écrits que je pourrais publier. C'est par cette honorable mesure qu'on a voulu empêcher la connaissance des faits contenus dans l'écrit que j'ai publié la veille de mon jugement, intitulé : *Du Gouvernement occulte, de ses agens et de ses actes.*

MADIER DE MONTJAU

PÈRE,

Chevalier de Malte et de la Légion d'Honneur,
Conseiller a la Cour royale de Lyon,

AUX JUGES DE SON FILS.

AVERTISSEMENT.

Si mon fils avait été jugé en chambre du conseil, j'aurais été moins surpris de lui voir refuser un avocat; mais l'audience est publique : le procureur général fulmine contre lui l'acte d'accusation le plus véhément, et l'accusé est privé d'un défenseur! Il demande que son père puisse l'assister dans sa défense ; le garde-des-sceaux prend l'engagement de faire statuer sur cette demande, et il lève la séance sans en faire délibérer la cour !

Mes cheveux blanchis par les années, mon titre de magistrat et de père, trente ans de sacrifices pour le Roi, n'ont point paru au chef de la justice des motifs suffisans pour rassurer sans délai mon âme alarmée; j'ignore encore si je serai entendu dans la défense de mon fils comme le

garde-des-sceaux lui a laissé ignorer jusqu'au dernier moment s'il aurait un avocat.

Je me hâte donc de publier par la voie de
l'impression quelques observations que je
voulais prononcer devant la Cour ; je me
hâte de rendre à mon fils ce solennel témoignage que le tribunal paternel l'a jugé
comme l'opinion publique

, Si au lieu d'approuver la conduite de
mon fils je l'avais trouvée blâmable , j'aurais été me jeter aux pieds du Roi, dont
mes services et ma longue fidélité auraient
désarmé la justice.

Paris, 29 novembre 1820.

MADIER DE MONTJAU père.

MONSEIGNEUR, MESSIEURS,

Les lois civiles, d'accord avec les lois naturelles, me donnent le droit d'assister mon fils devant vous comme son conseil et son défenseur né.

C'est en cette double qualité, Messieurs, que je viens vous proposer quelques observations préliminaires à sa défense : mais je dois l'avouer, Messieurs, mon principal motif, en accompagnant mon fils, a été d'être le témoin du triomphe que lui prépare sans doute votre justice, et d'en partager la gloire.

Mais serait-il vrai, Messieurs, que, devant la première Cour du royaume et de l'Europe, un magistrat de Cour souveraine, cité pour voir exercer contre lui le pouvoir censorial, pût avoir à craindre dans sa défense des interruptions et des obstacles qui en détruiraient entièrement l'effet ?

N'est-ce point assez que de lui avoir refusé le secours d'un avocat, sans ajouter au trouble qu'un isolement absolu peut produire sur son âme la crainte toujours présente d'être interrompu sous le spécieux prétexte de prévenir des divagations ?

N'avons-nous pas donné, mon fils et moi, une assez grande preuve de notre respect pour les ministres de Sa Majesté et pour la Cour, en déférant à un acte organique de la constitution de Bonaparte, applicable à des juges amovibles, et qui semble avoir été implicitement abrogé par la Charte, qui a consacré l'inamovibilité des magistrats ?

N'avons-nous pas donné une nouvelle preuve de soumission en n'élevant aucune réclamation sur la forme inusitée employée pour le renvoi de la cause ? Faudra-t-il encore trembler d'être à chaque instant entravé dans la défense ? faudra-t-il craindre de voir tracer d'avance des limites étroites dont il sera interdit de s'écarter ?

Non, Messieurs, cette Cour auguste ne violera pas le plus sacré de tous les principes en restreignant la défense d'un magistrat menacé dans son honneur et dans son état ! Sans doute, Messieurs, mon fils pourra se livrer à tous les développemens qu'exige sa cause , sans crainte d'être circonscrit dans le cercle étroit de quelques observations qui n'expliqueraient ni sa position ni sa cause.

Mon fils, avant de répondre aux questions de Monseigneur le garde-des-sceaux, demanda formellement si son interrogatoire serait l'unique moyen qu'il pourrait avoir d'être entendu : il dit qu'en ce cas il protesterait au moins par *un silence absolu* contre cet obstacle mis à la pleine liberté de sa défense ; il dit qu'il était conforme à la grandeur et à la loyauté de la Cour de le rassurer *d'avance* sur ce point ; et il reçut la promesse que la plus entière latitude lui serait accordée.

Cette promesse solennelle serait-elle rendue illusoire par les interruptions dont mon fils est hautement menacé ?

Un tribunal terrible ne refusa pas au magistrat que je vois à votre tête d'entendre la défense de l'infortuné Louis XVI ; il put dire sans être interrompu : *Je cherche partout des juges, et je ne trouve que des accusateurs.*

Non, je ne puis craindre qu'une Cour présidée par ce courageux orateur veuille restreindre par des interruptions humiliantes cette promesse

qu'elle a faite hier d'accorder une complète latitude à la défense. Elle songera que cette promesse a été faite à un magistrat digne de l'estime
publique par son dévouement au Roi et à ses
devoirs, et que les ministres ont long-temps cité
comme un modèle.

Pourquoi faut-il que cette extrême bonté dont
il avait reçu des témoignages si flatteurs de la
part de tous les ministres ait été remplacée par la
plus extrême sévérité !

Pourquoi faut-il que Monseigneur le garde-
des-sceaux soit devenu tout à coup, de protecteur
qu'il était de mon fils, son accusateur !

Le malheur d'avoir paru digne de censure à
Monseigneur le garde-des-sceaux est la seule
prévention qui s'élève contre mon fils : quant
aux diffamations auxquelles on l'a livré, elles ne
peuvent avoir produit sur vous d'autre impression que le mépris.

Nous sommes peu sensibles aux attaques jour-
nalières des folliçulaires : mais que des magistrats aient laissé en public outrager un collègue
qui venait se laver d'une injuste accusation ;
qu'un avocat général de la Cour de Paris ait osé
le comparer en pleine audience à Louvel et aux

CONSPIRATEURS DU MOIS DE JUIN, c'est le plus étrange et le plus effrayant oubli de l'honnêteté publique et des principes les plus sacrés ; c'est la violation de tous les égards dus aux accusés jusqu'à leur condamnation.

Si au lieu de descendre jusqu'à la diffamation, si, au lieu de se faire l'organe des plus odieuses fureurs, cet avocat général se fût donné le temps d'être mieux instruit, il n'aurait point donné le scandale qui m'a navré de douleur et comme père et comme magistrat.

Mon fils est accusé pour avoir dénoncé trop légèrement, dit-on, un pouvoir rival du pouvoir légitime : mais ce serait nier l'évidence que de ne pas reconnaître la réalité des intrigues qui ont donné à quelques ambitieux l'influence qui ne devait appartenir qu'aux amis sincères et désintéressés du Roi.

Je ne sais, Messieurs, quel jugement fera porter de moi ce que je vais dire ; mais dussent des forcenés m'accuser d'avoir abandonné la cause sainte que je défendrai jusqu'au tombeau, et à laquelle j'ai déjà consacré trente années de ma vie, dussent-ils me refuser ce titre de royaliste auquel mon fils et moi voudrions rendre toute sa pureté.

je dois déclarer que je suis convaincu qu'on cherche à paralyser partout l'effet des généreuses intentions du Roi.

Et pour acquérir cette douloureuse conviction que des hommes indignes du titre de royalistes sont parvenus à rendre la justice impuissante, nous n'avons pas eu besoin, mon fils et moi, de la déclaration solennelle faite par Monseigneur le garde-des-sceaux le 23 mars 1819; il y a cinq ans que les événemens de Nîmes et les aveux d'un magistrat éminent nous ont prouvé l'existence de ce gouvernement occulte, véritable plaie de l'état. Je vais vous lire, Messieurs, et mettre sous vos yeux une lettre qui me fut écrite dans une circonstance trop fameuse par ce magistrat qu'on a si justement préconisé pour son dévouement à la cause royale.

Je rends publique cette lettre, parce qu'aucune convenance ne s'oppose à sa publication; parce qu'elle honore celui qui l'a écrite ; parce qu'enfin la place inamovible qu'il occupe en ce moment le met à l'abri des persécutions.

Nîmes, 9 février 1815

« Monsieur et cher ami ,

. . . .
. . . .
. . . .

» Je viens de tenir les assises dans l'affaire de
» Boissin, assassin du général Lagarde. Elle a eu la
» plus détestable issue ; car l'assassin, avouant son
» crime, a été pleinement acquitté. *Vous ne pouvez*
» *vous faire une idée des* INTRIGUES *qu'a employées*
» *le parti se disant royaliste pour sauver ce*
» *grand coupable : l'intérêt qu'il lui portait nais-*
» *sait de ce qu'il était royaliste et de ce qu'il*
» *avait tiré un coup de pistolet contre le chef de*
» *la force armée qui protégeait l'ouverture du*
» *temple des protestans.*

« Cette iniquité attirera, je le crains du moins ,
» sur cette ville des calamités infinies : il y a
» bien des *choses que je pourrais vous dire sur*
» *ce qui s'est passé dans cette affaire ;* mais
» comme elles ne seraient pas honorables pour
» les acteurs, je ne puis confier mes observa-
» tions à une lettre : d'ailleurs votre fils (QUI EST
» PLEIN DE COURAGE ET D'HONNEUR) vous écrira cer-

» tainement les siennes. Pour moi j'ai fait mon
» devoir ; j'ai tonné contre l'énormité du crime
» et contre le coupable; aussi je ne suis *plus*
» *aux yeux du parti se disant royaliste qu'un*
» *jacobin qui a su se déguiser jusqu'à présent.*
» Voilà quel est ce pays ! Je ne suis nullement
» affecté de ce qui me touche personnellement,
» mais je le suis infiniment de l'iniquité qui a
» été commise et de la douleur qu'éprouvera le
» Roi, qui, dans une ordonnance publiée à l'occa-
» sion de cet événement, disait : *Un crime atroce*
» *a souillé notre ville de Nîmes... s'il n'était pas*
» *puni, il n'y aurait ni ordre public ni gou-*
» *vernement......* Et non seulement il n'est pas
» puni, mais il a été jugé que Boissin était
» en légitime défense ; c'est-à-dire qu'il a été
» jugé que le général avait attenté à la vie de
» Boissin en lui donnant quelques coups de plat
» de sabre, parce qu'il refusait insolemment de
» se retirer, et que Boissin avait bien fait de lui
» tirer un coup de pistolet.... Mon sang se glace
» en entendant de tels principes!...

» Cette ville n'est point faite pour posséder
» des tribunaux ; LA JUSTICE N'Y EST POINT LIBRE,
» surtout étant exercée par des magistrats faibles;
» et pour mon compte je fais des vœux pour

» être bientôt tiré d'ici, néanmoins très-disposé
» à ne point abandonner les bons principes, et
» à les défendre à tout prix jusqu'à la fin.

» Adieu, mon cher ami.

» *Signé* BERNARD, procureur général près la
» Cour royale de Nîmes ».

Je m'abstiens de toute réflexion ; cette lettre
en dit assez sur la puissance trop réelle et sur le
but de ceux qui protègent les assassins. Mais
quant à ce qui concerne mon fils, n'oubliez pas,
Messieurs, que le procureur général de Nîmes,
en même temps qu'il avoue que la justice n'est
pas libre dans cette ville, reconnaît que mon
fils s'y montre PLEIN DE COURAGE ET D'HONNEUR !

Tel est en effet, Messieurs, tel est mon fils,
qu'on vous a peint de si noires couleurs. Il serait
à désirer que le Roi eût beaucoup de serviteurs
qui ne se passionnassent, comme mon fils, que
pour sa gloire, pour la justice et pour la défense
des opprimés.

En finissant, Messieurs, je vous proteste, sur
mon honneur et sur les principes de royalisme
dont je n'ai jamais dévié, que, loin de blâmer
mon fils dans aucune de ses actions, je le loue.
Ce qu'il a fait pour la défense d'une tribu

malheureuse, traitée avec autant de mépris que
de barbarie ; ce qu'il a fait pour faire bénir le
gouvernement de Sa Majesté, je voudrais pouvoir l'ajouter à tout ce que j'ai fait, à tout ce que
j'ai tenté pour le triomphe du Roi et de son auguste famille.

PLAIDOYER

DE MONSIEUR

MADIER DE MONTJAU FILS,

*Prononcé devant la Cour de Cassation dans
la séance du 30 novembre 1820.*

MONSEIGNEUR, MESSIEURS,

LORSQUE mon dévouement pour mon Roi et pour mon pays me détermina à dévoiler les manœuvres criminelles d'une faction, je ne me dissimulai pas un seul instant les différens dangers auxquels je resterais personnellement exposé si les ministres du Roi refusaient de s'associer à mon entreprise. Déjà les calomnies m'ont été prodiguées; mais les ménagemens dus à l'opinion publique attentive m'ont jusqu'ici préservé des autres persécutions auxquelles je dois m'attendre si je succombe dans la lutte que je soutiens aujourd'hui.

Les ministres ne m'ont point frappé avec les armes terribles que les Chambres leur ont laissées, et, loin de m'alarmer de les voir tirer de l'oubli un sénatus-consulte de l'ancien gouvernement, je dois au contraire leur rendre grâces de m'avoir traduit devant un tribunal inaccessible à toutes les passions qui sont déchaînées contre moi. Cependant, Messieurs, si je ne parvenais pas à détruire l'effet des diffamations

3

auxquelles ils m'ont abandonné, ma situation serait aggravée par les égards même dont ils n'ont pas cru pouvoir s'affranchir envers moi. Oui, Messieurs, si j'avais le malheur d'essuyer votre censure, malgré le sentiment de mon innocence, je serais moins assuré du dédommagement que m'accorde l'opinion publique.

Ah! quand la jalousie de la liberté imagina l'ostracisme, du moins la fierté républicaine prit soin de le rendre honorable, et de réparer son injustice en l'avouant : mais nos hommes d'état veulent non-seulement se délivrer d'un courage qui les importune, ils veulent encore le flétrir ; ils veulent que des paroles dictées par l'amour du bien soient par vous condamnées solennellement comme séditieuses.

Il n'en sera pas ainsi, Messieurs, parce que, toujours aussi élevés par votre fermeté que par votre rang, vous avez constamment opposé aux passions la barrière insurmontable de votre sagesse et de votre impartialité. Ne craignez donc pas que mes expressions soient dépourvues de la noble assurance que vos vertus inspirent à l'innocence; ne craignez pas que ma défense laisse croire que celui qui parle devant des hommes si justes ait à redouter d'injustes res-

sentimens : je m'avilirais étrangement si je venais
ici faire entendre un langage timide et embarrassé, indigne également et d'un tribunal si auguste et de la cause d'un homme de bien per-
sécuté.

Le réquisitoire que vous avez entendu me don-
nerait le droit d'entrer dans des discussions politiques ; mais des considérations que vous saurez
apprécier m'ont déterminé à ne pas mettre le
pied sur ce terrain.

Dans un procès récent et célèbre le ministère public entreprit de prouver qu'un auteur,
accusé d'avoir par ses écrits excité à la guerre
civile et à la rebellion, ne pouvait puiser les
preuves de sa fidélité dans sa vie passée, et que
son livre seul devait parler en sa faveur ou
contre lui, comme si la conduite ne pouvait
jamais indiquer les principes, comme si jamais
la pensée ne pouvait être révélée par les actions.
Elle fut repoussée cette étrange doctrine, dont
le succès aurait offert tant d'encouragement à la
ferveur interprétative ; et l'auteur accusé put
librement parler des services qu'avait reçus de lui
la cause qu'on prétendait qu'il avait trahie.

Comme à lui, Messieurs, il me sera permis de
combattre par quelques actes de ma vie les calomnies sous lesquelles on a voulu m'accabler.

Ce ne sera qu'après vous avoir fait connaître mon caractère que j'entrerai dans l'examen des écrits qui me sont reprochés. Je me flatte de vous persuader que ces écrits ne sont pas moins exempts de blâme que mes intentions; mais si j'ai la douleur de ne pas vous démontrer que mon zèle a été accompagné de quelque sagesse, du moins il me sera facile de vous prouver que cette même conduite, ce même langage dont les ministres s'offensent aujourd'hui, m'ont valu pendant long-temps non-seulement leur approbation, non-seulement leurs éloges, mais encore leurs faveurs et des récompenses.

Je suis accusé d'avoir troublé la sécurité générale en annonçant les complots les plus dangereux, d'avoir alarmé (j'emprunte les termes du réquisitoire de M. le procureur général), d'avoir alarmé les bons citoyens en leur parlant *d'une guerre civile* sourdement organisée et d'un pouvoir invisible qui armait les citoyens les uns contre les autres : je suis accusé d'avoir compromis la tranquillité publique, par un système de dénonciation où j'ai mis la révélation à côté du mystère.

Je suis accusé d'avoir été sourd aux exhortations du chef de la justice; d'avoir mis à mes révélations *des conditions* ABSURDES, et d'avoir donné dans toutes les circonstances qui se rattachent à cette affaire un scandale jusqu'à présent inouï dans les fastes judiciaires.

J'espère vous prouver, Messieurs, que je n'ai troublé que les factieux, qui ont été obligés de s'envelopper de plus de précautions ; j'espère vous prouver que l'exemple que j'ai donné a été salutaire, loin d'être dangereux.

Il est vrai, Messieurs, que j'ai dit tout haut ce que chacun disait tout bas ; mais il est faux que j'aie troublé la sécurité publique : elle n'existait nulle part. Le Roi, dans son discours aux Chambres, le reconnut solennellement.

« Une inquiétude vague, disait Sa Majesté au » mois de novembre 1819, une inquiétude vague, » mais réelle, préoccupe tous les esprits. La » nation craint de se voir arracher les premiers » fruits du régime légal et de la paix par la vio- » lence des factions; elle s'effraie de l'expression » trop claire de leurs desseins ».

C'est au milieu de cet état de choses que j'ai élevé la voix; j'ai dit à mes concitoyens : « Ce que vous soupçonniez, je l'ai vu; ce pouvoir indéfinissable qui paralyse tous les efforts du gouvernement, je viens de le prendre sur le fait : j'ai surpris, je possède les ordres qu'il a expé- diés à ses agens ».

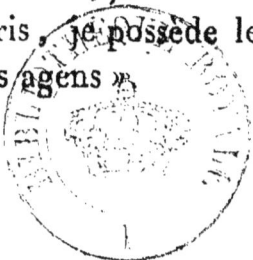

La faveur publique accueillit mes révélations : les fonctions augustes que j'exerce, l'attachement de mon père à la cause royale, celui dont j'ai moi-même fait preuve, le danger évidemment attaché à ma démarche, et que le dévouement au prince et au pays pouvait seul faire braver ; tout commandait la confiance ; celle que j'obtins fut entière.

Ce triomphe d'un seul homme contre une faction redoutable, victorieuse, ne pouvait être pardonné. Mes ennemis, d'autant plus irrités qu'ils avaient été réduits à un silence honteux ou à de misérables subterfuges, réclamèrent avec des cris de rage mon châtiment, lorsqu'ils apprirent que les preuves matérielles de leurs complots ne m'avaient été livrées que sous des conditions dont l'accomplissement allait devenir de jour en jour plus difficile en raison de l'accroissement rapide de leur pouvoir: pleinement rassurés par le silence des ministres sur ces conditions, desquelles *on n'a osé parler* POUR LA PREMIÈRE FOIS *que dans le réquisitoire de M. le procureur général*, ils s'efforcèrent de persuader que le temps et leur nouvelle position avaient élevé une barrière d'airain entre la justice et leurs premiers complots, certains que, par un effet étrange, mais inévitable de la multiplicité de leurs atten-

tats, les bons citoyens étaient absorbés par les
dangers actuels que chaque jour leur révélait,
ils traitèrent de folie ma demande de revenir
sur leurs crimes anciens. Hélas! Messieurs, ils
ne se sont pas trompés; et pour tous les maux
qu'ils nous ont faits, ils jouissent d'une sécurité
aussi complète que sous la garantie d'une pres-
cription séculaire. En présence de l'avenir qu'ils
nous préparent, j'ai perdu, je l'avoue, j'ai perdu
l'espérance de pouvoir jamais leur demander
compte du passé, malgré les souvenirs déplorables qu'ils y ont attachés.

Mais vous, Messieurs, qui jugez les actions
d'après les règles de la morale, et non d'après
les calculs étroits d'une politique sans consis-
tance et sans bonne foi; vous qui jugez les actions
sans égard pour la puissance de ceux qui les ont
faites, sans égard pour les changemens que le
malheur des temps font apporter dans la situation des coupables; vous, Messieurs, vous ne
regarderez point comme une noble folie le
dessein que j'avais conçu.

J'espère vous démontrer, Messieurs, que
mon entreprise aurait eu le succès le plus
complet et le plus salutaire pour le Roi et la
patrie, si j'avais été secondé par les hommes

puissans dont les antécédens avec moi semblaient
m'assurer le secours.

J'espère vous démontrer que, malgré l'aban-
don où l'on m'a laissé, j'ai obtenu des résultats
salutaires et décisifs pour la morale et l'ordre
public.

Vous avez très-bien senti, Messieurs, que s'il
m'était interdit d'aborder ces éclaircissemens
qui se rattachent si intimement à ma cause, elle
deviendrait tout à fait inexplicable pour vous;
et vous m'avez garanti d'avance que ma défense
aurait toute la latitude que j'avais réclamée : j'en
userai avec sécurité, mais avec discrétion.

Avant tout je veux me délivrer du reproche
odieux d'avoir assigné pour chef au gouvernement occulte l'héritier du trône : j'ai déjà re-
poussé cette perfide imputation; je l'ai fait,
depuis plus de six mois, dans ma réponse à
M. Lainé.

J'ai reproduit cette réponse dans l'écrit que
j'ai publié il y a deux jours, et que j'ai mis
sous les yeux de mes juges. Ma vénération pour
un personnage illustre, et, j'ose le dire aussi, ce
que je me dois à moi-même, me font prendre
l'engagement solennel de ne plus répondre dé-

sormais à ceux qui répéteront cette absurde calomnie.

On s'est efforcé de me peindre comme un homme entraîné par l'ardeur de son imagination et de la jeunesse : dans les discours de quelques autres j'ai été transformé en un tribun audacieux, dévoré par la soif de la célébrité. Parmi tant d'insinuations perfides, mon âge est la seule circonstance dont mes ennemis puissent se prévaloir contre moi, si toutefois il peut être permis de contester les avantages de la maturité à un homme parvenu à son huitième lustre, qui a été élevé à l'école de l'adversité, et qui a pu puiser une précoce expérience dans le spectacle des plus grands événemens.

On m'accuse d'une véhémence dangereuse.

Il est vrai que je ne suis pas de ces citoyens équivoques qui ne trouvent plus dans leur cœur qu'une pitié froide et inactive pour les infornes d'autrui : je conviens, disons mieux, je me glorifie d'être animé contre le crime d'une indignation qui ne s'affaiblit point dans des temps où tout semble devoir l'épuiser : j'avoue que, malgré la puissance d'une faction qui a érigé en système de gouvernement l'impunité de ses sicaires, je n'ai cessé de proclamer hautement que

4

l'impunité était l'aliment du crime, qu'elle était un véritable piége dressé contre la morale et la sûreté publique. Bien convaincu que des massacres commandés par le fanatisme politique au fanatisme religieux étaient une insulte aux promesses du Roi et une source de douleurs pour son cœur paternel, j'ai cru servir mon souverain autant que l'humanité en m'efforçant d'arrêter le cours de ces horreurs et en sollicitant sans relâche le châtiment des monstres qui les ont commises.

Enfin je me suis saisi du précieux avantage que j'ai d'être catholique et royaliste pour défendre des hommes qui ne partagent pas ma croyance; et ce n'est pas au jour de leurs souffrances que le dieu de la charité m'ordonnait de juger leurs erreurs. J'ai fait, Messieurs, ce qu'aurait fait mon glorieux oncle l'abbé Madier, confesseur de Mesdames, et qui ferma leurs yeux dans la terre de l'exil où il avait accompagné leurs pas. Oui, j'ai mis au nombre de mes devoirs le dévouement à une tribu longtemps persécutée. J'ai vu son innocence, ses malheurs et sa résignation : j'ai dû me plaindre de ceux qui l'abandonnent encore aux calomnies de ses bourreaux. Que d'autres se fassent de ces calomnies un moyen de faveur, moi je me suis attaché sans retour à des infortunes auxquelles la religion véritable, la méditation, la pitié s'attachent avec une préférence que tout justifie.

Ces devoirs, je les ai remplis avec un zèle qui a pu importuner ceux dont j'ai condamné l'égoïsme; mais les hommes qui savent se tenir à une distance égale de l'emportement et de la lâcheté ne confondront jamais les dispositions habituelles de mon âme avec l'ambitieuse turbulence d'un tribun.

Nommé auditeur au conseil d'état il y a onze ans, je craignis d'être un jour obligé peut-être de servir toutes les exigeances d'un pouvoir sans bornes; je renonçai volontairement à toutes les séductions et à l'éclat de la carrière la plus brillante de cette époque pour me refugier dans la tranquille indépendance de la magistrature. Ce choix, qui semblait devoir assurer le repos et l'obscurité de ma vie, devint pour moi la source des plus rudes épreuves : ce fut à Nîmes que je vins exercer mes nouvelles fonctions.

Les malheurs de cette ville en 1815 sont connus de l'Europe; mais du moins la plus grande calamité, la guerre civile, lui fut épargnée.

Deux armées allaient en venir aux mains : le corps municipal proposa des négociations ; elles me furent confiées ; un armistice en fut le résultat.

Dans un écrit recemment publié et qui a été mis sous les yeux de la Cour, j'ai raconté avec détail ces événcmens, et je ne les rappelle pas dans l'espérance, Messieurs, qu'ils sont présens à votre mémoire.

Sans doute, Messieurs, les crimes commis à Nîmes ont été affreux et multipliés ; mais combien plus terrible encore aurait été le sort de ce malheureux pays sans l'armistice qui enleva aux assassins la possibilité d'alléguer le prétexte d'une resistance armée, tout étant soumis : le drapeau blanc flottant depuis trois jours sur toutes les maisons, il fallut bien désavouer les sicaires ; et quoiqu'on ne fît rien pour arrêter leurs forfaits, on se crut au moins obligé à condamner par des proclamations des atrocités que sans l'armistice on aurait audacieusement décorées du nom d'expéditions militaires et de représailles.

Je ne crains pas de le dire, l'armistice rendit impossible de cacher la vérité au Roi, l'armistice empêcha la guerre civile d'éclater ; et l'on concevra combien elle eût été terrible et dangereuse

si l'on songe que les Cevennes en seraient deve-
nues le théâtre, et que non loin de ces contrées
se trouvait une armée qui allait subir l'épreuve
du licenciement. Eh bien ! c'est au sujet des événemens que je viens de retracer que j'ai été
récemment attaqué par la calomnie. Dans un libelle formé de cent libelles, et qu'un magistrat (*)
n'a pas craint de revêtir de son nom, il est dit
au sujet des négociations de Beaucaire. « On
« voit qu'alors M. Madier attaquait ouver-
« tement le gouvernement du Roi. » Ainsi le
ministère de paix que j'ai accepté et rempli au
péril de ma vie, ainsi mes efforts pour empêcher
l'effusion du sang et la guerre civile, étaient,
suivant d'indignes Français, un acte de rebellion !

Obligé de chercher un asile contre les ven-
geances qui menaçaient le négociateur de l'armistice, je me réfugiai dans les Cevennes : j'en trouvai les habitans aussi prévenus qu'à Nîmes
contre l'armistice, quoique pour d'autres motifs.
Ils prétendaient *qu'il n'aurait pas fallu traiter
avec un ennemi sans foi, et qu'il aurait mieux
valu périr les armes à la main que de se livrer
au fer des meurtriers.* Ils oubliaient que les

---

(1) M. Clauzel de Coussergues.

assassinats, tout horribles qu'ils étaient, devaient
avoir un terme, mais que les massacres n'auraient eu ni fin ni mesure si leurs ennemis
n'étaient entrés à Nîmes qu'à la suite d'un combat.

Quelques-uns allèrent jusqu'à dire que j'avais
eu l'intention secrète de me concilier la faveur
des commissaires du Roi en leur livrant les
protestans.

J'eus la douleur d'être obligé de combattre
pendant quelque temps ces horribles préventions,
et je ne parvins point sans peine et sans danger
à les dissiper; mais je contractai l'engagement
solennel de saisir toutes les occasions qui pour-
raient s'offrir à moi pour les empêcher de renaître.

Les malheureux, les proscrits sont enclins à
la méfiance. La mort me semblait préférable à
l'horreur d'être soupçonné d'avoir vendu leur
sang à leurs bourreaux : cette circonstance décida
de ma vie, et je me dévouai sans réserve à leur
infortune.

Je passai deux mois dans les Cevennes, et
j'employai ce temps, non pas, comme on a osé
l'écrire, *à combattre ouvertement le gouvernement du Roi*, mais à exhorter au calme des

hommes braves et généreux, dont l'âme s'en-
flammait d'indignation et de douleur aux récits
qu'ils entendaient faire chaque jour des horreurs
exercées à Nîmes : je ne cessai de les supplier de
ne pas se constituer les vengeurs de leurs frères,
et de se confier à la justice du Roi, dont les
yeux et le cœur ne pouvaient rester long-temps
fermés pour de telles calamités.

Rappelé à Nîmes au mois de septembre par
les ordres réitérés de mes supérieurs, je voulus
juger par mes yeux de l'état de cette malheureuse
ville. Je vous épargne le récit de tout ce que
j'entendis, le tableau d'une partie de ce que je
vis : mais j'ai dit qu'il y avait eu impunité ; apprenez auparavant par quelques exemples quels
avaient été les crimes. Je trouvai les prisons (1)
regorgeant de prisonniers, quoique la plupart
eussent été reçus par les geoliers sans mandat
d'arrêt, sans ordre d'une autorité quelconque.
Le peuple, excité à cette chasse des protestans (2),
les traînait en prison sans les amener devant
aucun magistrat, et une foule de malheureux

(1) *Voyez* mon écrit intitulé : **Du Gouvernement
occulte.**

(2) Onze cents ont été ainsi arrêtés. (*Voyez* l'écrit
ci-dessus).

arrêtés ainsi ont vu s'écouler près d'un an sans que leur arrestation ait été légalisée, et sans pouvoir néanmoins recouvrer leur liberté.

Je vis en plein jour une femme protestante dépouillée de tous ses vêtemens, promenée autour des boulevards de la ville. Deux fourches de bois, arrêtées sous les aisselles par deux hommes, soutenaient la victime dans sa marche : elle était frappée de distance en distance, et ses cris étaient étouffés par les cris DE VIVE LE ROI !

Je vis ce barbare cortége passer entre une compagnie de troupes de ligne nouvellement formées et une de garde nationale.

Brûlant d'indignation, je volai chez le magistrat qui avait si vivement pressé mon retour. « Monsieur, lui dis-je, vous m'avez écrit que » désormais aucune ville ne serait plus tranquille » que Nîmes; voilà ce que je viens de voir : je » vais en sortir à l'instant : je ne peux plus, je » ne veux plus y rendre la justice. Écrivez à » Monseigneur le garde-des-sceaux que j'ai re- » fusé de rester à Nîmes, parce que cinq mille » hommes armés y contemplent froidement ces » atrocités. »

Peut être y avait-il quelque vertu à s'exprimer

ainsi devant le magistrat qui m'avait écrit la lettre qui se trouve en entier dans le second écrit distribué à la Cour, et que je mettrai en original sous ses yeux. C'est cette lettre où l'on attribue les massacres à l'OISIVETÉ DES OUVRIERS!!... (1)

Vous devez, Messieurs, avoir également présente à la mémoire cette proclamation (2) où un préfet faisait de si abominables concessions à une horde de scélérats.

J'ai dû entrer dans ces détails, Messieurs, pour vous faire connaître la situation de Nîmes au moment *où je refusai d'y rendre la justice*, et pour vous apprendre qu'en élevant la voix pour les infortunés, on s'exposait à des inimitiés bien plus redoutables encore que celles de Truphemi et de Troistaillon.

Poursuivons.... J'allai rendre compte à mon père de ce que j'avais fait à Beaucaire, et de mon refus de rester à Nîmes. « Mon fils, me dit-» il, j'approuve toute votre conduite; elle est » digne d'un homme d'honneur et d'un vrai

_____

(1) *Voyez* l'écrit : *Du Gouvernement occulte.*

(2) *Voyez* l'écrit intitulé : *Du Gouvernement occulte, de ses agens et de ses actes*, que j'ai publié le 28 novembre, et qui contient aussi la lettre rappelée ci-dessus.

» royaliste. Vous auriez été un lâche si vous
» n'aviez pas condamné hautement une persé-
» cution atroce, non moins contraire aux in-
» térêts du Roi qu'à sa volonté. »

Tel fut, Messieurs, le jugement de mon père,
et son opinion sur moi n'a pas changé depuis
cette époque. Maintenant que des factieux, sans
honneur et sans patrie, entreprennent insolemment de me dépouiller du nom de royaliste, je
ne continuerai pas moins à me parer de ce titre ;
je l'ai reçu de mon père au milieu des plus diffi-
ciles circonstances ; je l'ai reçu de mon père,
dont le dévouement à la cause royale a été scellé
par l'acceptation des plus rudes épreuves, et
dont le témoignage suffira toujours pour me dé-
dommager des fureurs de la calomnie.

Je vais, Messieurs, continuer à parler de moi-
même sans craindre d'être accusé d'orgueil, sans
craindre de fatiguer votre bienveillance ; car,
dans ce que je vais ajouter, il s'agit de faire connaître les moyens par lesquels (pour me servir
des expressions de Monseigneur le garde-des-
sceaux) une faction est parvenue *à vicier ou paralyser les plus nobles organes du corps social.*
Je consens que mes accusateurs se saisissent
contre moi de ce que je vais raconter, qu'ils

cherchent dans mes aveux et ma conduite à
Nîmes la confirmation et la preuve de l'accusation qu'on fait peser sur moi, *d''avoir donné des
scandales inouis dans l'ordre judiciaire.*

Oui, il importe à la France entière de connaître les scandales que j'ai donnés, pour qu'elle
sache contre quels principes on voudrait obtenir
des châtimens.

Et qu'on ne s'étonne pas de me voir différer
l'examen des actions et des écrits attaqués dans
le réquisitoire de M. le procureur général. Je
répondrai, on peut en être certain, à toutes ses
accusations; mais elle est aussi dans ma cause la
justification de mon caractère indignement ca-
lomnié ! il est dans ma cause le récit des événemens qui ont nécessité toutes les actions qu'on me
reproche ! Ne faut-il pas que je vous montre que
le péril était imminent quand j'ai appelé à mon
aide ? Ne faut-il pas que je vous apprenne quelle
agitation affreuse régnait dans le Gard en mars
1819, pour vous faire apprécier ces assertions si
formelles, que, depuis plus de quatre ans, la
tranquillité n'y avait pas été un moment troublée, et que je suis ou un factieux ou un vision-
naire,

Enfin, Messieurs, il faut bien vous mettre en

position de prononcer entre mes adversaires et moi.

Je retournai à Nîmes, où le comte Lagarde avait fait renaître l'espérance de voir finir l'anarchie. Le crime de son assassin rendit aux opprimés toutes leurs alarmes. La plupart des fonctionnaires virent ce crime avec horreur ; mais hélas ! il n'est que trop incontestable que ce sentiment de réprobation ne fut pas universel. En ma présence et revêtu de son costume, un fonctionnaire osa dire que *le général Lagarde ne pouvait imputer son malheur qu'à lui-même, et que l'action de Boissin était le résultat d'un mouvement honorable impossible à maîtriser.* Je manifestai mon mépris pour ces insinuations infâmes par lesquelles on préparait de longue main le triomphe d'un assassin. Peu de temps après, le même fonctionnaire entreprit, en ma présence, de louer des jugemens déplorables. Justement indigné, je lui reprochai avec force cette persévérance à répandre d'affreuses doctrines. Un de ses protecteurs, sans oser attaquer mon opinion, me blâma seulement de l'avoir exprimée avec trop d'énergie ; il voulut m'effrayer par la menace d'une censure. Ah ! m'écrié-je, ce sera avec joie que je m'y soumettrai, si mon arrêt constate qu'elle m'a été infligée pour avoir refusé d'entendre l'éloge d'un assassin et l'éloge de cés jugemens qui ont été pour la justice des jours de deuil.

Malgré cette menace je continuai à condamner hautement ce que je voyais de condamnable.

Ma conscience me disait que je ne méritais pas de censure le jour où j'interrompis à l'audience la lecture d'un mémoire calomnieux. Ce libelle accusait le tribunal du Vigan tout entier de n'avoir été animé pendant vingt ans que par l'esprit de secte, parce qu'il s'y trouvait quelques magistrats protestans, je protestai que j'abandonnerais l'audience plutôt que d'être le tranquille témoin d'un tel outrage fait à des magistrats ; et l'audacieux avocat fut contraint d'interrompre une lecture dont le scandale avait été promis à un nombreux auditoire accouru pour s'en réjouir.

Ma conscience me disait que je ne méritais pas de censure le jour où je quittai l'audience pour n'être pas témoin d'un crime de Truphémy. Dans une salle du palais située en face de celle où je siégeais, étaient jugés des malheureux que poursuivait l'esprit de parti. Chaque déposition accusatrice était accueillie par les cris de *vive le Roi :* trois fois l'explosion de cette joie atroce devint si effrayante, qu'on fut obligé d'envoyer

chercher aux casernes des renforts pour décupler
les postes militaires, et deux cents soldats furent
souvent insuffisans pour contenir le peuple. Tout
à coup les hurlemens, les cris de *vive le Roi*
redoublent : un homme arrive caressé, applau-
di, porté en triomphe; c'était l'horrible Truphémy : il s'approche du tribunal, il vient déposer contre les accusés; il est admis comme
témoin; il va lever la main pour prêter le serment.
Saisi d'horreur a cette vue, je sors, je m'élance
de mon siége, je marche à la salle du conseil;
mes collègues m'y suivent : vainement on me
pressa de remonter : Non, répété-je avec force,
non, je ne veux pas voir ce scélérat admis à
porter témoignage en justice dans la ville qu'il
a remplie de meurtres, dans le palais sur les
marches duquel il a égorgé le capitaine Bourillon!
Je ne serais pas plus révolté de le voir tuer ses
victimes, comme naguère avec le poignard, que
de les voir tués par ses dépositions. Lui accusateur lui témoin !!!! Non, jamais je ne consen-
tirai à voir ce monstre lever, en présence des
magistrats, pour prêter un serment sacrilége, sa
main encore fumante de sang !!

De la salle de conseil où elles étaient proférées,
ces paroles se répandirent au dehors : il en trem-
bla cet abominable témoin ils en tremblèrent
aussi les factieux qui conduisaient la langue de

Truphémy , après avoir dirigé son bras, et
qui lui apprenaient la calomnie, après lui avoir
enseigné l'assassinat ! ces paroles pénétrèrent dans
le cachot des condamnés, et firent renaître l'espérance dans leur cœur. Elles inspirèrent à un
avocat courageux le dessein de soutenir la cause
de tous les infortunés que la réaction voulait accabler. Il vint plusieurs fois porter au pied du trône
la prière du malheur, et j'ose le dire, de l'innocence. Il y vint aussi demander si le témoignage de
Truphémy ne suffisait pas pour anéantir un jugement. Le Roi accorda grâce pleine et entière.

Vous comprendrez aisément, Messieurs, que
dans une ville où Truphémy était admis à déposer en justice , les vrais coupables bravaient
les lois avec sécurité. Après avoir demeuré pai-
siblement pendant un an à quatre lieues de
Nîmes, l'assassin du général Lagarde, pleinement rassuré par ses amis , *consentit enfin* à se
laisser traduire en justice. Voici, Messieurs, une
des circonstances de ce fameux procès.

Pour combattre l'accusation de prémédita-
tion , Boissin prétendit qu'il portait habituelle-
ment le pistolet avec lequel il blessa le général
Lagarde, et qu'il l'avait toujours sur lui pour sa
sûreté. — Par qui était-elle menacée? demanda

le procureur général. — Par les protestans mes
ennemis. — Non, vous ne pouviez pas redouter
en 1815 les protestans désarmés et fugitifs, qui
tremblaient à la seule vue de l'habit que vous
portiez comme sergent de la garde nationale de
Nîmes ! L'objection était pressante : Boissin embarrassé garda le silence ; mais l'avocat, qui était
à la fois major de la garde nationale et défenseur de Boissin, et qui depuis a défendu Truphémy, l'avocat voulant détruire l'impression
fâcheuse produite par le trouble de son client,
s'exprima en ces termes : « Je conviens qu'après
» les cent jours les ennemis de la légitimité,
» (remarquez ces paroles, Messieurs ; *les enne-*
» *mis de la légitimité*), un moment effrayés,
» s'étaient en grand nombre éloignés de Nîmes ;
» mais ils y rentrèrent bientôt ; et en novembre
» on retrouvait en eux leur ancienne audace,
» quoiqu'ils n'eussent pas encore osé rouvrir
» leurs temples ».

A ces mots, l'orateur fut interrompu par un
murmure flatteur et par une sorte d'acclamation.
Le redoutable auditoire qui obstruait le palais
fut saisi d'enthousiasme en voyant outrager tous
les protestans de Nîmes, sans exception, par ces
mots génériques : *Les ennemis de la légitimité*

avaient repris leur audace, quoiqu'ils n'eus-
sent pas osé rouvrir leurs temples.

Je demande au président de suspendre l'audience, afin que la Cour puisse entendre une
demande importante que j'ai à lui faire. L'audience est suspendue, et j'entre avec mes collègues à la salle du conseil, au milieu d'un tumulte
affreux. « Messieurs, leur dis-je, ce que vous
» venez d'entendre est à la fois une insulte pour
» les protestans et une provocation contre eux.
» Nous leur devons une protection spéciale dans
» les conjonctures actuelles, et je demande une
» réparation publique de cet outrage. »

On allégua contre cet avis l'agitation des
esprits et le danger d'occasionner une émeute.
On proposa de mander l'avocat pour l'admo-
nester à la salle de conseil et en effet, il com-
parut, et témoigna ses regrets des expressions
qui lui étaient échappées, disait-il, par inad-
vertance. Je répondis que les assurances données
par l'avocat n'effaçaient pas une faute commise
à l'audience, et je déclarai que je ne remonterais
pas sur le siège si la réparation n'était pas faite
publiquement.

Mon obstination, si l'on veut l'appeler ainsi,
excita de nouveaux débats, et pendant les confé-

6

rences je fus averti que d'horribles menaces se faisaient entendre contre moi, et que le peuple ne me laisserait pas sortir vivant du palais si cet incident faisait renvoyer à une autre assise le jugement d'un scélérat dont l'acquittement lui avait été promis pour ce jour-là. Je ne me laissai point ébranler, et j'annonçai que dans une heure j'entreprendrais de sortir du palais pour aller, sur le champ à Paris, rendre compte à Monseigneur le garde-des-sceaux des motifs qui m'avaient fait quitter l'audience.

Enfin l'avocat major de la garde nationale céda, et consentit à prononcer en public les excuses que j'avais demandées : elles étaient ainsi conçues :

« Je prie la Cour de n'attribuer qu'à la cha-
» leur de l'improvisation les expressions qui
» me sont échappées contre une partie esti-
» mable de nos concitoyens : parmi eux ont pu
» se rencontrer des partisans de l'usurpateur ;
» mais il serait injuste de les accuser tous de la
» faute de quelques-uns. »

Je remontai sur le siége, et j'eus le bonheur de voir expier le grand scandale qui avait été donné. Je vis cette populace atroce, dont l'audace avait été fortifiée par une longue impunité,

obligée d'entendre l'éloge des hommes qu'on
avait jusqu'à ce jour abandonnés à ses insultes
et à ses fureurs. Les amis de Boissin en furent
atterrés ; la consternation et le silence succédè-
rent aux menaces, et l'acquittement de l'assassin
put seul leur rendre la hardiesse de profaner
encore une fois le cri de vive le Roi dans le
sanctuaire de la justice.

J'exhalai, dans une lettre, l'indignation et la
douleur dont ces événemens avaient rempli
mon âme. Cette lettre fut répandue : les ministres voulurent la connaître. J'atteste, sans
crainte d'être démenti, que plusieurs des ministres actuels voulurent, pendant long-temps,
l'avoir sous les yeux comme un témoignage
qui leur rappelât sans cesse la situation du
Gard, et les véritables causes du triomphe d'un
assassin.

Malgré les nombreuses dénonciations dont je
n'avais cessé d'être l'objet, un des ministres actuels demanda à Sa Majesté, et en obtint pour
moi, la décoration de la Légion d'honneur. Les
ministres qui ont fait placer sur ma potrine le
signe du courage et de l'honneur demandent
aujourd'hui ma condamnation : *j'ose assurer
que ce n'est pas moi qui ai changé ;* mais, quels
qu'aient été leurs motifs, je dois leur rendre

grâce de m'avoir donné le droit de vous apprendre ce qu'a fait pour le Roi et pour la justice celui qu'on accuse d'avoir combattu le Gouvernement du Roi , et qu'on dit rebelle aux commandemens de la justice.

La récompense que Sa Majesté avait daigner m'accorder fortifia mon zèle et mon dévouement, et je m'efforçai de justifier ce glorieux témoignage de l'approbation royale par ma conduite pendant les troubles du mois de mars.

Vous devez être convaincus, Messieurs , que le Gard et la ville de Nîmes sont plus fortement ébranlés que le reste de la France toutes les fois que la tranquillité publique semble menacée; vous ne serez donc pas étonnés que ce pays ait partagé l'inquiétude et l'agitation qu'excita dans tout le royaume la première attaque tentée au commencement de l'année dernière contre la loi des élections par un membre de la chambre des pairs. Je ne prétends pas , Messieurs , aborder ici aucune question relative à notre législation sur les élections, et j'ai voulu seulement vous rappe e. *comme fait* le trouble qu'excitèrent en France les premières discussions qui s'élevèrent à ce sujet en 1819.

Pendant la discussion de ma pétition un

ministre est venu attester à la chambre que depuis les crimes de 1813 le repos du Gard
n'avait pas été un moment troublé. Il est vrai,
Messieurs, que les massacres n'ont pas recom-
mencé; mais il est certain, il est notoire que
les plus grandes calamités ont menacé ce département. Les alarmes y devinrent extrèmes
quand on ne vit plus qu'une poignée de soldats
dans les lieux où un grand appareil militaire est
si nécessaire.

Dans les premiers jours de mars le régiment
suisse formant la garnison de Nîmes fut en-
voyé à Marseille. Par une étrange fatalité l'ar-
rivée de la nouvelle garnison ne coïncida pas
avec le départ de l'ancienne, et dans des circonstances si graves le Gard et la ville de Nîmes
n'eurent pour assurer la paix publique que le
dépôt d'un régiment composé de 155 soldats.

Les hommes de 1815 recouvrèrent bientôt
leur sanguinaire audace. Le 6 mars des cris
provocateurs furent entendus, et beaucoup de
gardes nationaux reparurent en costume. Le 7
plusieurs protestans, sortant du spectacle où déjà
ils avaient été insultés, furent assaillis à coups
de pierre et de bâton. Quelques-uns des coupables furent arrêtés : le peuple les enleva, et

pendant toute la nuit il célébra cet avantage par
d'horribles clameurs. La journée suivante fut
marquée par des exècs plus multipliés. Les
attroupemens de deux à trois mille hommes par-
cotrurent les boulevards, faisant retentir pour
cri de ralliement : *Les Bourbons ou la mort*.
Une sorte de régularité se faisait remarquer dans
ces évolutions : les ligueurs agissaient avec un
ensemble effrayant, et dans Nîmes, comme dans
les villages voisins, des menaces atroces annon-
cèrent publiquement une proscription vaste et
complète contre les protestans.

Poussés à bout par leurs persécuteurs, ces
infortunés sentirent enfin qu'il ne leur restait plus
de choix que dans la manière de périr. Ils s'é-
crièrent unaniment qu'ils ne voulaient mourir
que les armes à la main, et leur attitude apprit
à leurs bourreaux que le temps d'égorger sans
péril est fini.

Tout a bientôt changé de face ; la terreur
s'empare de ceux qui pendant quatre ans l'ont
inspirée. Ils s'effraient en voyant la force que
des hommes si long-temps résignés ont tirée de
leur désespoir. Pour comble d'alarmes ils ap-
prennent que les habitans des Cevennes, instruits
des dangers de leurs frères, s'apprêtent à venir à
leur aide.

Mais sans attendre ce secours, le 9 mars les protestans se montrent le soir dans le même ordre et armés de la même manière que leurs ennemis. Les ligueurs parcourent les boulevards en poussant de grands cris : les protestans restent immobiles et silencieux dans le poste qu'ils ont choisi. Pendant trois jours ces redoutables rassemblemens eurent lieu. L'effusion du sang fut empêchée par les efforts de quelques bons citoyens marquans par le rang et la fortune. Ils venaient d'acquérir, en partageant les dangers du peuple protestant, le droit d'en obtenir le pardon d'un ennemi qui ne menaçait plus qu'en tremblant.

Malheureusement des violences, commises pendant la nuit du 12 sur des protestans isolés, rendirent à ces derniers toute leur indignation. Au milieu de l'effrayante agitation de la matinée du 12 M. le procureur général me pressa de me rendre à un cercle où avaient été délibérées les mesures de défense. Après les attaques des 6, 7 et 8 mars, je refusai d'y aller, parce que, ne connaissant pas les individus qui le composaient, je craignais de trouver en eux une exaltation qui rendrait inutiles toutes mes prières d'abandonner des projets de vengeance.

Ces hommes, me dit le procureur général,

ont toute la confiance du peuple, et vous pouvez plus que personne les calmer. — N'exigez pas que je l'entreprenne, répondis-je. Si je ne réussis pas, les ligueurs, loin de me savoir gré de mes efforts, m'accuseront d'être allé exciter à la vengeance ; si j'ai le bonheur de la désarmer, ce succès même sera un crime ; ils m'attribueront le pouvoir d'un chef de parti qu'un intérêt secret a seul rendu généreux. — Eh ! reprit-il, qu'importent ces accusations ? Empêchez d'affreuses calamités sans vous épouvanter de la calomnie et de l'ingratitude. Je suis convaincu que *l'attitude ferme et calme des protestans a sauvé le département.* Je vous autorise à leur dire que j'ai déjà instruit le gouvernement de cette vérité. Ils n'éprouvent plus de craintes ; pourquoi deviendraient-ils menaçans à leur tour ? Conjurez-les de ne pas gâter leur cause. Vous ne pouvez rien faire de plus utile au Roi et à l'humanité.

Je n'hésitai plus, Messieurs, et j'allai entreprendre d'arrêter les plus légitimes ressentimens. Mes instances étaient froidement écoutées, lorsque des infortunés condamnés, pendant la réaction, et dont le Roi avait fini le malheur, se levèrent en s'écriant : « Auriez-vous oublié » comment M. Madier s'est prononcé contre

» notre condamnation? Respectons les hommes
» dont le témoignage a éclairé la justice du Roi.
» Il ne sera pas dit qu'en notre présence on soit
» demeuré sourd à la voix de notre défenseur.
» Il a bien le droit d'exiger qu'on ne déshonore
» par aucun excès la cause à laquelle il s'est dé-
» voué.

» Nous vous promettons d'empêcher les ras-
» semblemens ; dites au procureur général qui a
» vu les événemens avec impartialité, que nous
» ne troublerons pas le départemeut *après l'a-*
» *voir sauvé*, et que nous serons toujours géné-
» reux envers nos ennemis, quand ils ne me-
» naceront pas notre existence. »

Et en effet, Messieurs, les rassemblemens
cessèrent dès le soir même.

Oh combien ! je rendis grâce au ciel de re-
trouver dans ce terrible moment les infortunés
à qui j'avais tendu une main secourable ! Je leur
dois le salut de leurs ennemis et des miens. Ah !
qu'il me soit permis de regarder le 12 mars
comme le plus beau jour de ma vie !

Les mêmes hommes qui m'ont fait un crime
de mon influence dans cette journée, s'écrieront
maintenant que je viens de tracer un tableau
imaginaire ; appuyés du témoignage d'un mi-

7

nistre (M. Siméon), ils diront que le Gard n'a pas cessé depuis quatre ans de goûter un repos parfait, et que la sûreté de personne ne fut un seul instant menacée au mois de mars.

Si le péril n'était pas grave et imminent, pourquoi le général commandant le département a-t-il demandé que la garnison de Montpellier lui fût envoyée en toute hâte? Pourquoi le commandant de la division a-t-il fait marcher sur Nîmes avec une si extrême célérité les troupes de Montpellier, quoiqu'il n'ait le droit de les déplacer des garnisons désignées par le ministre qu'en cas d'urgence et d'événemens extraordinaires? Pourquoi ces troupes ont-elles été obligées le 14 mars de repousser par la force des armes les ligueurs que la retraite spontanée des protestans avait enhardis de nouveau? Pourquoi dans cette journée du 14 mars les soldats n'ont-ils pu dissiper qu'à coups de bayonnette une colonne de ligueurs dont deux furent blessés et un troisième tué?? Pourquoi les premiers fonctionnaires ont-ils écrit *qu'ils ne pouvaient plus répondre des événemens, que la situation de Nîmes était affreuse, que d'une heure à l'autre le sang pouvait y couler par torrens? Pourquoi, immédiatement après la réception des rapports officiels envoyés par ces fonctionnaires les 8 et 9 mars, les ministres ont-ils tenu conseil le 13 exclusivement sur les dangers du Gard et sur les mesures à prendre pour les faire cesser?? Pourquoi à l'issue de ce conseil ont-ils fait prononcer inopinément des destitutions?* ont-ils dirigé de tous côtés des troupes vers ce département, et ordonné au nouveau préfet de partir à l'heure même? Pourquoi les amis des ministres, témoins de leurs angoisses, m'auraient-ils *fait l'honneur insigne de regarder comme une circonstance rasssurante* la résolution que j'avais prise dès les premiers momens du péril de ne pas sortir de Nîmes, et de ne pas me rendre à Carpentras, où m'appelait la présidence des assises, s'ils n'avaient su combien était nécessaire la présence des bons citoyens dans de si terribles conjonctures?

Soyez certains, Messieurs, qu'on n'entreprendra plus de me démentir sur tous ces faits. Veuillez entendre la lecture des lettres qui m'ont été écrites à ce sujet par un fonctionnaire public non moins distingué par son caractère que par son rang.

Ce respectable ami, c'est M. de Cassaignoles, membre de la Chambre des députés, premier président de la Cour royale de Nîmes; il m'écrivait de Paris, le 16 mars 1819 :

« Il est des hommes qui disent, *mon géné-*
» *reux ami*, jamais assez de haine, assez de
» troubles, assez de malheurs. Ceci est évi-
» demment la queue de 1815 ranimée par la
» désastreuse proposition contre la loi des élec-
» tions, et toute la pensée s'est révélée. La réac-
» tion avait été trop modeste, on voulait la ren-
» dre complète.

» Les plaintes de vos amis sont fondées.
» Pourquoi ce départ des troupes? pourquoi
» cette longue absence de l'autorité protectrice?
» pourquoi... pourquoi... J'avoue que je ne sais
» que répondre. Ah! je ne doute pas de la droi-
» ture des intentions; mais on a trop compté
» sur un calme apparent : on n'a pas connu
» toute la profondeur de la perversité. Vous
» avez donc fait de justes reproches ; *mainte-*
» *nant il est digne de votre bon esprit d'excu-*
» *ser autant que vous le pourrez.*

» Le *Journal des Débats*, qu'on m'apporte à
» l'instant, parle de cinq cents hommes arrivés
» le 9 avec le général Briche. J'aurais besoin de
» croire à cette nouvelle; mais votre lettre et
» celle du procureur général disent le contraire.

» Peut-être ces lettres étaient-elles parties avant
» les autres.

» J'insiste, et j'insisterai de toute mes forces
» pour qu'une troupe suffisante et sûre soit en-
» voyée non-seulement pour prévenir le retour
» de pareils scènes, mais pour assurer le plein
» exercice de l'action de la justice. Il faut au-
» jourd'hui faire tout ce qui sera possible pour
» assurer dans notre malheureuse ville le règne
» des lois ; il faut surtout arriver aux moteurs
» secrets, car la populace n'était qu'instru-
» ment. *On ne peut assez louer la résolution*
» *que vous avez prise sur votre voyage de Car-*
» *pentras;* ELLE EST DIGNE DE CETTE AME ARDENTE
» POUR LE BIEN.

» *J'étais hier au soir jusqu'à onze heures*
» *avec* MM. de Saint-Aulaire et Chabaud ; *je*
» *suggérai l'idée de faire partir par le télé-*
» *graphe* un ordre de mouvement pour les
» troupes qui sont à Lyon ou aux environs.
» M. de Saint-Aulaire m'assura qu'il allait *à*
» *l'instant en parler à son gendre.* »

Ainsi, Messieurs, le télégraphe est mis en
mouvement, les troupes sont déplacées, et il n'y
a pas eu de troubles !.... Je poursuis : « Je désire
» qu'il n'y ait point d'obstacle d'exécution. En
» pareille occurence, un jour gagné peut pré-

» venir bien des malheurs! Du reste, si vous
» êtes parvenu jusqu'à ce moment sans qu'il en
» soit arrivé, tout sera sauvé pour cette fois et
» le moment critique sera passé.

.» Adieu, mon ami ; votre présence à Nîmes
» est *pour moi une grande et rassurante con-*
» *solation.* J'attends le courrier de ce soir avec
» une vive inquiétude. »

Messieurs, le voilà peint d'un seul trait cet
agitateur redoutable ! on est tranquille parce
qu'on sait qu'il est à Nîmes ; *votre présence à
Nîmes est une grande et rassurante consola-
tion.*

Voici une autre lettre :

Paris, le 22 avril 1819.

« Votre envoi (celui de rapports qui viennent
» d'être imprimés), mon cher ami, est par-
» venu directement à Monseigneur le garde-
» des-sceaux. Il m'a promis hier d'y donner une
» sérieuse attention; mais le voilà tout entier à
» la discussion sur les lois de la presse; votre
» compte ne pourra être examiné qu'à la suite ;
» mais je suis sûr qu'il le sera très-sérieusement
» et comme il mérite de l'être.

» Ce ministre est appelé à rendre à son pays

» et au Roi d'importans services : il vient de dé-
» ployer à la *tribune un talent, une franchise,*
» *une fermeté de caractère et de principes* qui
» ne peuvent manquer d'exercer une grande
» influence sur l'esprit public, et diriger dans le
» véritable sens de nos institutions. Aidez-le,
» mon ami, de toute la vôtre. NE VOUS LASSEZ
» PAS de prêcher les saines doctrines, et de les
» faire valoir avec l'énergie qui vous est propre.
» *Soyez le bienfaiteur et le pacificateur de*
» *notre malheureuse cité.*

» Adieu, mon cher président des Assises. Je
» n'ai pas le temps de vous en écrire plus. Votre
» amitié m'est chère, et je vous assure de toute
» la mienne ».

Dans une autre lettre il m'écrit. « *Le procu-*
» *reur général, dans les longues conversations*
» *que nous avons eues, m'a beaucoup parlé de*
» *vous. J'aime à l'entendre sur votre sujet, sur*
» *la fermeté et la netteté de votre conduite en*
» *toute occasion, et particulièrement dans la*
» *crise périlleuse du mois de mars.* »

Ainsi, Messieurs, un procureur général atteste qu'il y a eu crise périlleuse ; il donne des
éloges à la conduite que j'ai tenue dans cette
crise, et l'on prétend que la paix *publique n'a pas*

été seulement menacée!! Et quand je me contente
d'indiquer ce fait sans parler du rôle que j'ai joué,
sans solliciter ni éloges ni récompense, c'est un
démenti solennel que je reçois ! !

Lorsque Monseigneur le ministre de l'inté-
rieur vint dire à la tribune le 25 avril dernier :
« Depuis près de cinq ans la tranquillité publi-
» que a été maintenue dans le Gard, aucun
» excès ne l'a troublée, » je conçois, Messieurs,
combien dut être défavorable contre moi l'impression produite dans vos esprits par une déné-
gation aussi complète, par une accusation si solennelle, d'avoir présenté un tableau infidèle de
la situation du Gard; mais j'ai la ferme espérance que vous êtes convaincus maintenant que
je n'ai pas combattu des chimères.

Les lettres que je viens de lire et que je vais
mettre sous vos yeux, vous prouveront l'extrême
anxiété des ministres en apprenant les ÉVÉNEMENS
QU'ILS VEULENT CACHER AUJOURD'HUI (1). Ces lettres

_____

(1) Laisser Nîmes sans garnison est la plus coupable
imprudence : cette imprudence, les ministres l'avaient
commise. Elle fut réparée par le courage et la générosité
héroïque des protestans. Les ministres le savent; une
foule de rapports émanés des fonctionnaires, et entre

vous prouveront aussi qu'ardent pour le bien, mais modéré dans mes opinions politiques , je n'ai cessé, pour me servir des expressions de mon respectable ami , je n'ai cessé de propager les saines doctrines, et de me montrer en pacificateur dans notre malheureuse cité.

Si vous daignez, Messieurs , ne pas oublier que je me présente devant vous appuyé du témoignage glorieux que je viens de mettre sous vos yeux , je n'aurai pas à redouter l'effet des

---

autres du procureur général, leur ont appris que les protestans AVAIENT SAUVÉ LE DÉPARTEMENT DANS CETTE CRISE PÉRILLEUSE.

Mais dès que les implacables ont ressaisi le pouvoir, les ministres tremblant devant eux ont affirmé à la tribune que la tranquillité du Gard n'avait pas été seulement menacée, et que ce département devait à la fermeté et à l'impartialité ministérielles un repos, j'ai presque dit un bonheur sans nuages depuis 1815.

Qu'on apprécie, par les dénégations qu'ils ont faites si SÉRIEUSEMENT au sujet des troubles de mars, leurs dénégations au sujet de la note secrète. Qu'on juge de la sincérité des explications données sur cette note en balbutiant ! qu'on juge l'étrange question qui me fut faite si dans un moment si solennel JE PARLAIS SÉRIEUSEMENT, et l'on décidera si c'est moi qui soutiens la vérité ou si ce sont les ministres qui la combattent.

S

diffamations auxquelles on m'a livré. Veuillez
remarquer, Messieurs, que le magistrat factieux,
le magistrat pétitionnaire (surnoms que l'ingratitude voulut m'infliger dans un jour solennel)
remarquez que ce tribun, dévoré de la soif de
la célébrité, n'a saisi aucune des occasions qui
se sont offertes depuis quatre ans d'appeler sur
lui l'attention : remarquez que son nom même
ne se rencontre dans aucun des ouvrages consa-
crés aux malheurs de Nîmes.

J'ai été pour la première fois tiré de mon
obscurité par un article de journal inspiré par la
bienveillance des ministres, autrefois si active
pour moi.

Au mois d'août 1819, une feuille périodique,
le Censeur, crut pouvoir me reprocher une
modération qui lui paraissait de la tiédeur et de
la faiblesse : certainement j'aurais laissé cette
attaque sans réponse. *Le Courrier,* journal semi-
officiel à cette époque, entreprit sur-le-champ
ma justification. et s'exprima en ces termes à ce
sujet dans son numéro du 15 août.

« *Nous avons aussi nos doctrinaires,* écrit-on
» de Nîmes *au Censeur Européen.* Il serait dif-
» ficile de persuader à aucun Nîmois raison-
» nable que M. Madier de Montjau, placé, par le

» correspondant de Nîmes à la tête *des doc-*
» *trinaires*, ne soit pas un *constitutionnel*, et
» les sincères amis de l'ordre et de la liberté
» auraient quelque peine à prendre confiance
» dans un parti qui, sérieusement et en matière
» importante, refuserait de se joindre à M. Ma-
» dier de Montjau, à l'homme dont la voix
» courageuse s'est fait entendre presque seule
» dans ces momens déplorables où Nîmes ne
» semblait renfermer que des assassins et des
» victimes, au magistrat qui a su s'exposer
» alors sans espérance de succès et seulement
» pour faire son devoir.

C'était ainsi, Messieurs, que j'étais alors défendu par une feuille publique rédigée sous la
direction immédiate de plusieurs conseillers
d'état, et même, *à ce qu'on assure, d'un ministre.*
Alors la croix d'honneur m'était accordée pour
récompense, et pour encouragement la présidence des assises pendant quinze mois consé-
cutifs. Maintenant les mêmes hommes ne me
trouvent digne que de censure. Mais il ne dé-
pendra point de ceux qui me *repoussent aujourd'hui* de transformer à leur gré en coupable
et en factieux le magistrat qu'ils proposaient
naguère pour modèle.

J'ai eu l'honneur de vous dire, Messieurs,
que j'avais renoncé à la présidence de Carpentras dès que j'avais vu commencer les troubles
de Nîmes; mais je partis lorsque je fus rassuré
sur les dangers dont les hommes de 1815 avaient
de nouveau menacé cette ville.

Je retrouvai dans Vaucluse la faction qui
venait d'agiter Nîmes si cruellement; elle com-
mît sous mes yeux à Carpentras des attentats
d'une autre espèce. Je les fis connaître au gouvernement dans les rapports que je viens de
publier. Un autre moyen de la démasquer s'é-
tait offert à mon esprit, et je fus près de l'adopter,
tant les derniers événemens avaient déjà affermi
dans mon âme l'opinion que le ministère étant
harcelé, paralysé par une puissance cachée, il
fallait le fortifier contre elle en rendant l'opinion
publique plus vigilante, et en opposant une
grande publicité à des manœuvres clandestines.

Persuadé que le supérieur naturel en cette
matière, que le meilleur dépositaire de semblables révélations, c'est la chambre des députés,
je tenais la plume pour l'instruire, comme je le
fis un an plus tard, de la situation du Gard et de
la nécessité de mettre un terme à des agitations
dont la cause unique *est l'impunité de tant*

d'assassins ; j'allais invoquer l'attention des députés, lorsque le mémorable discours prononcé le 23 mars par Monseigneur le garde-des-sceaux vint ranimer toutes mes espérances. Un langage si franc, si noble, si intrépide m'inspira pour le ministère une confiance sans bornes, l'appel aux Chambres me parut alors non-seulement un acte superflu, mais encore un acte d'ingratitude. J'attendis sans impatience et sans crainte les mesures que jugeraient convenables des hommes d'état, *qui semblaient s'être enlevé à jamais tout moyen de rapprochement* avec les ennemis de la paix publique.

Ah ! m'écriai-je, le voilà enfin clairement signalé ce pouvoir occulte qui a été si souvent plus puissant que le gouvernement. Le chef de la justice avoue que les ramifications, la puissance, l'audace des factieux ont pu vicier ou paralyser les plus nobles organes du corps social : il proclame qu'à toutes les époques, le gouvernement a tout fait pour atteindre les auteurs du crime, et que cependant une faction a triomphé du gouvernement à Toulouse, à Pau, à Riom, à Nîmes, à Alby, partout. Loin d'adopter cette horrible maxime *que les fautes doivent être ensevelies dans les entrailles de la terre*, il ne cherche les consolations de l'avenir que dans la connaissance approfondie du passé. L'impunité a fini le jour où cette éloquente voix a dit au nom de tous les opprimés : *le scandale est dans le crime, jamais il ne peut être dans le cri du sang injustement répandu.*

Elle est résolue puisqu'elle a été posée cette énergique question : *La France sera-t-elle livrée ou non à la domination d'un parti ? Non, la France repousse cette domination ; elle n'en attend qu'oppression, que honte, que calamités !...*

L'enthousiasme dont me pénétra ce discours est impossible à décrire : vous le trouvérez partout dans mes rapports sur les assises. Je ne vous dirai pas, Messieurs, que M. de Serre m'apprit à connaître les hommes que je poursuis, car j'ai toujours eu pour leur système une profonde horreur ; mais je dirai que M. de Serres éclaira ma haine contre la politique d'une faction qui n'a eu que des crimes pour élever sa puissance, et qui n'aura que des crimes pour la soutenir. Qu'elle se montre implacable dans son ressentiment pour moi, j'y suis préparé ; mais la sévérité de Monseigneur le garde-des-sceaux me surprendrait et m'affligerait également. J'ai profité de ses leçons ; ce ne sera pas lui sans doute qui se montrera inexorable dans la résolution de m'en punir. Mon zèle, mes révélations, toute ma conduite sont un hommage à ses principes. J'ai retenu son langage, je me suis affectionné à sa doctrine du 23 mars ; et j'ai droit à son indulgence pour la résolution inébranlable d'y demeurer toujours fidèle.

Ces rapports, qui ont été mis sous vos yeux, Messieurs, je les envoyai, malgré les supplications de trois magistrats, qui s'obstinaient à les regarder comme une imprudence : je leur répondis que le chef de la magistrature, ayant attesté l'impuissance du gouvernement dans l'administration de la justice, appelait par cela même le secours des bons citoyens ; que je lui devais mon dévouement et la confidence de tout ce que j'avais vu, pour lui prouver que sa belle action avait excité la confiance la plus entière. Je me félicite, Messieurs, de n'avoir point suivi de timides conseils : mes rapports, écrits dix - huit mois avant le danger où je suis prouvent que j'ai constamment signalé l'action d'une puissance occulte, et que cette opinion, manifestée il y a dix-huit mois avec encore plus de véhémence que dans ma pétition, loin de m'attirer le re-

proche d'exaltation, me valut les encourage-
mens les plus flatteurs.

Faut-il vous l'avouer, Messieurs, tant de mar-
ques réitérées de confiance m'amenèrent à penser que, quoique *la doctrine du 25 mars* sem-
blât oubliée, on désirait ardemment la professer
encore, et que les ministres formaient en secret
le vœu de se soustraire à ce pouvoir indéfinissable, mais trop réel, qui paralysait leurs honorables intentions.

Cette pensée toujours inébranlable, toujours
fixe me détermina à employer toute mon influence à calmer les alarmes, à blâmer l'impatience, à comprimer l'expression des plus légitimes douleurs. Des pétitions avaient été faites
pour solliciter le châtiment des assassins, j'obtins qu'on y renonçât, voulant laisser au ministère l'honneur de prendre de lui-même un parti
courageux.

Ce fut au milieu de ces circonstances qu'un
monstre porta un coup mortel à la France : le
duc de Berry nous fut enlevé par un parricide.
Incontinent l'homme le plus horrible de 1815
reparut triomphant a Nîmes : il avait pris la
fuite après le discours du 25, il y rentra après
le 13 février. On l'entendit profaner encore le

nom sacré de Roi et le nom de l'auguste victime que nous pleurions. Troistaillons venait
la venger, disait-il, et sur qui? sur les protestans, comme si ces infortunés avaient été coupables, comme si ce misérable avait eu le droit
de souiller la douleur publique en venant s'y
associer.

Pendant les trois jours qui suivirent la rentrée
de Troistaillons, une grande agitation régna dans
Nîmes; des provocations et des cris atroces
anoncèrent le retour de 1815.

A l'affliction, aux alarmes qui m'étaient com-
munes avec tant de bons citoyens vint se joindre
une affliction personnelle. Je vous ai dit, Messieurs, que, plein de confiance dans les intentions
du gouvernement, j'avais empêché les opprimés
de 1815 de recourir, après une attente de plusieurs années, à l'intervention des Chambres.
De foudroyans reproches me furent alors adressés : Voilà, me disait-on, le fruit de toutes ces
concessions que vous nous avez arrachées;
quel prix funeste vous avez mis à votre dévouement pour nous! Vous nous avez interdit des
plaintes éclatantes ; qu'avez-vous obtenu par des
supplications et des sollicitations particulières?
Les années se sont accumulées, et nos meurtriers

9

sont plus menaçans que jamais! Sera - ce au moment où ils nous imputent le parricide de Louvel que nos plaintes seront accueillies? Dans votre présomption vous vous êtes rendu garant du gouvernement, et vous avez assumé sur vous la plus pesante des responsabilités : vous nous avez fait perdre, et sans retour peut-être, l'occasion d'obtenir justice.

Ces reproches étaient fondés: je ne pouvais les endurer long-temps. Un seul homme dans le département avait, dans ces conjonctures, le droit de réclamer justice pour les victimes de 1815, et c'était celui qui n'avait cessé de les apaiser dans leurs ressentimens.

Tout avait changé autour de moi, et tout avait aussi changé en France. La pétition qu'un an auparavant j'avais voulu adresser aux Chambres, et à laquelle le discours du 25 mars m'avait fait renoncer, était redevenue un devoir.

Je me hâtai de l'accomplir. Ma pétition ne portait alors que sur les malheurs et les dangers de Nîmes.

Sur ces entrefaites deux personnes vinrent m'avertir que je devais enfin songer à ma sûreté, et mettre ma vie à couvert en quittant Nîmes sans retour. La haine que vous inspirez est d'une

violence extrême, me dirent-elles : chaque jour
nous leur entendons dire *que votre mort* est
la première condition de succès pour leurs
projets ; qu'à l'époque de l'armistice, pendant
le jugement de Boissin, pendant la crise de
mars, ils vous ont rencontré partout comme un
obstacle insurmontable dont *ils veulent enfin se
défaire.* Jamais leur puissance ne fut si grande
ni si bien organisée ! — Eh bien ! c'est pour
cela que je resterai dans Nîmes pour la combattre.
— Mais savez-vous que d'un mot on peut vous
envoyer Troistaillons et sa bande. — Lisez
la pétition que je prépare, et vous verrez que
ce n'est point par la fuite que je veux me défendre. — Apprenez au moins combien est redoutable le parti que vous bravez : lisez ces
deux circulaires, et connaissez la cause de l'a-
gitation affreuse qui régnait naguère, et du calme
qui vient de lui succéder comme par enchan-
tement ; apprenez quelle est l'habileté et la force
des hommes qui obtiennent à leur gré le calme
ou la tempête.

Alors me furent montrées les circulaires
34 et 35.

Vous vous étonnerez peut-être, Messieurs ,
qu'elles aient pu tomber entre mes mains ; mais

vous n'avez point oublié quels droits j'avais acquis le 12 mars à la reconnaissance de mes ennemis. Quelques-uns, qui n'avaient été entraînés que par les circonstances, par leur position sociale et par des liens de famille dans un parti dont leur cœur désavouait les excès, m'avaient témoigné une profonde gratitude lorsque j'avais arrêté une trop juste vengeance. Des relations s'établirent entre nous; ils m'informèrent du conciliabule du 8 janvier, parce que l'éloignement de la garnison, que ce conciliabule avait pour objet, leur paraissait devoir être fatal à leurs amis même.

Ils vinrent me communiquer les circulaires dans le dessein unique de me décider à quitter Nîmes pour ma sûreté. Ma résolution de rester fut inébranlable; mais, comme un dessein plus vaste venait d'entrer dans ma pensée, je demandai à quel signe ils pouvaient reconnaître l'authenticité des circulaires, qui n'étaient revêtues d'aucune signature. — A l'écriture que nous connaissons parfaitement, et nous pourrions vous faire voir des lettres signées par la personne qui a écrit les circulaires.

Je demandai un rendez-vous pour la nuit suivante, et l'on me promit de me faire voir

dans cette entrevue les lettres que l'on m'avait
annoncées.

J'employai toute la journée qui précéda ce
rendez-vous à méditer sur mon projet; et toutes
mes réflexions m'en démontrèrent les immenses
avantages. Je voulais attaquer le pouvoir funeste dont l'action se faisait sentir partout; je
voulais forcer les ministres à se dégager des
liens dont on cherchait à les entourer : je ne
pouvais *sans crime* laisser échapper une occasion si belle de démasquer les hommes qui ne
cessent de crier à l'anarchie, et dont les sourdes
manœuvres entretiennent partout des dispositions anarchiques. Je me rappelais que j'avais
triomphé d'eux en 1815 ; que j'avais triomphé
d'eux pendant le jugement de Boissin, et au
mois de mars, avec bien moins de moyens
pour les combattre. Je m'étais convaincu de
ce que peut le mépris de la vie uni à une grande
force de volonté. Un seul homme, disais-je,
peut quelquefois arrêter la destinée. Ah ! sau-
vons mon pays de celle qui le menace!

Ce fut dans ces nouvelles dispositions que j'allai chercher de plus amples confidences.

Mais avant de les obtenir un serment fut exigé
de moi. On me déclara qu'on ne me montrerait
les lettres que pour ma conviction personnelle

et me déterminer à songer à ma sûreté. Je dus me soumettre à un serment, parce que je fus placé dans la nécessité d'opter entre une révélation conditionnelle, ou un refus absolu de la communication de ces lettres missives, qui seules pouvaient former une preuve par leur rapprochement des circulaires.

Je fis donc serment de ne jamais laisser connaître ni quel était l'auteur des lettres, ni quelles étaient les personnes qui les avaient reçues : alors je pus lire et comparer aux circulaires six lettres missives, qui étaient signées, parce qu'elles traitaient d'objets insignifians, mais qui, rapprochées des circulaires, formaient la preuve matérielle la plus décisive.

Je fis à mes amis la proposition de me livrer les lettres et les circulaires, et j'entrepris de leur démontrer que ces pièces offraient un moyen infaillible de démasquer et de désarmer les factieux. Ils furent épouvantés de mon dessein, et s'y refusèrent d'abord entièrement ; ils s'étonnèrent de la résolution que je prenais à la suite d'une confidence qui n'avait eu pour but que mon intérêt personnel. Je leur représentai qu'en s'opposant à mon projet ils préparaient réellement la destruction de ceux dont ils blâ-

maient les fureurs , quoiqu'ils leur fussent
unis par tant de liens. Ah ! si vous ne voulez pas,
leur dis-je, vous déclarer les ennemis des hommes
dont vous blâmez la politique, consentez du
moins à les sauver en les désarmant. Ne courez
pas la chance d'être enveloppés dans les ven-
geances qu'ils exciteront. Combien de fois je vous
ai entendu dire qu'ils occasionneraient une révolution nouvelle : empêchons-les de la rendre
inévitable. S'ils étaient malheureux, je ne voudrais point augmenter la haine qu'auraient excitée
leurs fautes ; mais ils triomphent, ils menacent,
c'est le moment de les démasquer. Il vaut mieux
les livrer à la sévérité toujours paternelle du
Roi que de les abandonner à tous les excès d'une
révolution dans laquelle ils vont précipiter le
royaume et la dynastie. Songez d'ailleurs qu'il est
facile de ne faire peser les poursuites que sur
l'auteur des circulaires et sur les coupables de
Paris.

Je parvins à les ébranler ; mais ils étaient con-
tinuellement retenus par la crainte de s'engager
avec moi dans cette voie périlleuse, sans avoir
le moindre gage de la fermeté des ministres.

Je compte sur eux, leur dis-je, et, malgré tout
ce qu'on a dit de leur position nouvelle, je pense

qu'ils éprouveront une secrète joie en se voyant
offrir un moyen infaillible d'échapper au joug
dont on les menace. — Eh! me répondit-on,
ne l'ont-ils pas eu entre les mains ce moyen, par
la découverte de la note secrète, dont les auteurs
sont demeurés impunis? Nous ne voulons nous
prêter en rien à votre projet, et nous ne vous
dégagerons pas du serment que vous nous avez
fait tant que les hommes de la note secrète
posséderont un pouvoir irrésistible. — Mais si
j'obtiens leur punition? — Et sur quoi les ac-
cuserez-vous, à moins de protester contre le silence qui fut gardé sur la note secrète elle-même?
— Eh bien, je le ferai : je dirai aux Chambres :
Les hommes de la note secrète, enhardis par
l'impunité, continuent à entretenir des corres-
pondances criminelles. J'ai acquis, je tiens les
preuves d'une organisation secrète, au moyen de
laquelle ils obtiennent à leur gré la tranquillité ou le désordre. Mais la France a besoin
d'être enfin rassurée, et l'on ne me permet de
livrer ces preuves décisives qu'au moment où
les hommes de la note secrète auront cessé
d'être au-dessus des lois.

Les ministres, me répondit-on, garderont
le silence, et feindront de ne pas vous comprend-
dre. — Je compte sur eux, vous dis-je, et ce n'est

pas avec leurs antécédens avec moi qu'ils pour-
ront songer à me repousser. Malgré quelques-uns
de leurs actes, que je suis loin d'approuver, je
leur crois d'honorables intentions. Les ministres peuvent craindre l'éclat que je vais faire, et
cependant ils se féliciteront bientôt d'avoir reçu
de nous les moyens de désarmer les factieux et
de prévenir une commotion fatale. Avez-vous
oublié le discours du 23 mars? — Puis-je accorder trop de confiance au ministre qui a couvert cette faction d'un ineffaçable opprobre? Eh
bien, ce discours est le moindre motif de mon
enthousiasme et de ma confiance pour lui. Lisez
ces rapports, voyez comment j'y signale les
fonctionnaires coupables, voyez comme j'y
traite les révolutionnaires de 1815. Loin d'être
puni pour ces rapports j'ai été récompensé;
voilà pourquoi j'espère tout de ce ministre.

Je ne pourrais vous peindre, Messieurs, le
changement subit que produisit la lecture de
ces rapports sur l'esprit de mes amis. — Nous
concevons votre espoir, disaient-ils; mais il y a
une chance terrible contre vous, et nous ne voulons pas en courir avec vous. Dans l'intervalle
qui va s'écouler avant la discussion de votre
pétition, le ministère PEUT ÊTRE CHANGÉ, et nous
resterons sous les poignards; c'est pourquoi

10

nous exigeons que si vous persistez dans votre projet nous n'y soyons associés , nous ne soyons nommés par vous *qu'après* qu'une démarche faite par vous seul aura fait prendre au ministère un parti décisif au sujet de la note.

Alors ils invoquèrent de nouveau contre moi le serment préalable qu'ils avaient exigé. Ils me sommèrent de ma parole , et allèrent même jusqu'à me déclarer qu'ils me désavoueraient hautement si je ne me renfermais pas sévèrement dans la condition restrictive de ne produire un jour les circulaires et les missives qu'après avoir obtenu des ministres des poursuites contre les auteurs de la note secrète.

En même temps ils m'offraient une garantie qui m'assurait l'exhibition des pièces si cette condition était remplie.

Ils consentirent à confier les six lettres missives et les circulaires 34 et 35 a une tierce personne d'une fermeté et d'une sagesse à toute épreuve. Ce dépositaire prit l'engagement de ne me livrer les lettres et les circulaires que dans le cas seulement où j'aurais rempli la condition qui m'était imposée : alors, *mais seulement alors*, il me fut permis d'agir.

J'adressai ma pétition aux Chambres; vous

savez le reste. Vous vous rappelez, Messieurs, *quel prodigieux changement* s'est opéré dans le langage et la position de tant de personnes. Pendant les mois de mars, d'avril et de juin, nous avons marché de crise en crise, et dans un moment où des questions de vie et de mort se traitaient sous les yeux du public, je pouvais d'autant moins obtenir les poursuites contre des complots anciens, que toutes les craintes, toutes les pensées étaient fixées sur un danger pressant et terrible.

Ces circonstances ont permis aux ministres d'échapper à mes interpellations (1).

---

(1) Des objections spécieuses pouvaient m'être opposées ; on n'a osé en hasarder aucune. Au milieu de ce déluge d'invectives et de calomnies, aucun écrivain, aucun pamphlétaire, aucun orateur n'a osé depuis ma pétition, c'est-à-dire *pendant huit mois*, prononcer le mot de NOTE SECRÈTE. *Pour la première fois* cette question a été abordée avec timidité dans le réquisitoire de M. le procureur général. Il a dit que je fatiguais vainement l'attention en la portant de L'INCONNU A L'INCONNU, comme si la note secrète était inconnue, comme si elle était oubliée ou pardonnée. On dit encore dans ce réquisitoire que j'ai mis à mes révélations des conditions ABSURDES ET OFFENSANTES POUR LE ROI, comme si le Roi pouvait s'offenser de voir punir des factieux ! comme si les

Le silence sur la note secrète, que rien ne me
faisait envisager comme possible, ce silence a

———————————————————

alarmes excitées par l'impunité de la note secrète n'étaient
pas fondées; comme si l'on pouvait traiter d'absurde la
demande de poursuivre la note secrète, sans prouver préa-
lablement que la note secrète est une chimère.

Je m'arrête : le silence obstiné des ministres sur ce
point, celui que leurs écrivains, leurs journaux, leurs
orateurs, leurs procureurs-généraux ont gardé jusqu'au
moment de mon jugement, prouve invinciblement, et
mieux que je ne pourrais le faire, que je ne suis pas un
insensé, pour avoir dit TRÈS-SÉRIEUSEMENT que je croyais
au crime de la note secrète.

Lorsque les députés Gaulois allèrent livrer à Cicéron
leur correspondance avec Cethegus, c'est qu'ils savaient
bien que le père de la patrie n'attendait pas plus de mé-
nagement des conspirateurs que les conspirateurs n'en
attendaient de lui. Mais si les députés Gaulois, ne comp-
tant pas sur la fermeté du consul, étaient allés déposer
leur secret dans le sein d'un sénateur sous la condition
de ne point les exposer à la vengeance des factieux, au-
rait-on blâmé ce sénateur de *s'être soumis à cette condition?* Si le sénateur, bravant l'inimitié des conjurés,
avait fait retentir des interpellations véhémentes, mais
salutaires, aurait-il dû compter la censure du sénat au
nombre des dangers auxquels l'exposait son dévouement?

Les consuls auraient-ils refusé des explications sur
l'impunité qu'on les aurait accusé d'avoir accordée

été gardé obstinément, et toute la sévérité des ministres s'est tournée sur moi.

On m'accuse, on me poursuit, et l'on ne réfléchit pas que me punir des efforts que j'ai faits pour désarmer les ennemis de la paix publique ce serait étouffer dans leur principe tous les sentimens généreux.

Si l'arrêt solennel que vous allez rendre, Messieurs, établissait en principe que la manifestation des alarmes *le plus universellement répandues* doit être assimilée à une véritable dénonciation, et que tout avertissement donné à l'opinion sur un complot doit être accompagné de preuves matérielles, vous rendriez à jamais impossible la découverte d'une conspiration ; vous

---

pour une première conspiration ? auraient-ils pu se borner pour toute réponse à ces mots : *fournissez vos preuves ?*

Mais ne voyez-vous pas, consuls, que Céparius et Cethegus sont entourés d'une foule de sicaires qu'ils ont arrachés aux licteurs? — Fournissez vos preuves. — Comment oublier qu'après les avoir vous-mêmes accusés de trahison, vous venez de leur confier la questure, l'édilité, la préture? — Fournissez vos preuves — Nous tremblons d'exposer la vie de nos amis. — Fournissez vos preuves!!!

Est-ce ainsi qu'aurait répondu, qu'aurait agi Cicéron? Non ; mais aussi Rome ne fut pas brûlée.

rendriez à jamais impossibles les confidences de
la nature de celles que j'ai reçues, et qui sont
pourtant le meilleur, sinon l'unique moyen
de désarmer les méchans.

Si vous établissez par votre arrêt le principe
qu'un avertissement donné aux Chambres par
la voie d'une pétition doit être considéré comme
une dénonciation, alors même qu'il ne s'y rencontre aucune désignation personnelle, vous
porterez un coup mortel au droit de pétition.

C'est de ce droit, et de ce droit seul que
j'ai prétendu user. J'ai dit aux Chambres, j'ai
dit à la France de redoubler de vigilance.

J'ai fait une *dénonciation politique* de la nature de celle que fit Monseigneur le garde-des-
sceaux le 25 mars : lui a-t-on demandé les
preuves *légales* des vérités incontestables qu'il
proclama dans cette séance mémorable? et quoiqu'il n'ait pas armé de preuves *légales* la conviction de chaque citoyen, la reconnaissance
publique ne s'est-elle pas empressée de célébrer
sa généreuse action ?

Je lui confie le soin de ma défense, et c'est
lui qui vous dira, bien mieux que je ne pourrais le faire, que vous ne pouvez punir en moi

l'action dont il m'a donné l'exemple, et que l'admiration publique a magnifiquement ré-compensée.

Mais il est temps d'arriver aux objections du ministère public, et de discuter le réquisitoire de M. le procureur général.

J'ai dit la condition qui m'avait été imposée, les efforts que j'avais faits pour en être affranchi, et l'insistance que les révélateurs avaient mise à me rappeler le serment sous lequel je leur avais promis de taire leurs noms et leurs preuves, jusqu'à ce que le ministère eût prouvé lui-même, par sa vigueur à poursuivre le crime de la *note secrète*, la vigueur qu'il saurait mettre à pour-suivre les nouveaux crimes dont *les mêmes hommes* s'étaient rendus coupables.

J'ai gardé mon serment.

En révélant le fait principal, celui de l'exis-tence d'un gouvernement occulte, auteur des circulaires 34 et 55, je n'ai point donné les noms de mes révélateurs, je ne les ai point exposés aux poignards qu'ils redoutaient; et j'ai dit au ministère quelle était la cause de ces réticences, et quel serait le moyen de s'en affranchir; je l'ai instruit de la condition qu'on avait mise à des révélations ultérieures; il n'a tenu désormais

qu'à lui d'accomplir cette condition , et d'obtenir des déclarations plus étendues.

Si le ministère n'a pas cru devoir poursuivre
les auteurs de la note secrète ; si , par des raisons
que je ne connais point et que je ne veux point
pénétrer , il a cru qu'il était d'une politique su-
périeure de ne point traduire en jugement les
auteurs de ce crime de haute trahison , s'il en
fut jamais , j'excuserai ces motifs , *quoique la
cause d'une telle impunité m'entre difficile-
ment dans l'esprit*; mais enfin je serai toujours
fondé à dire aux ministres : « C'est vous et non
pas moi qui êtes cause que la condition n'a pas
été remplie : vous seuls pouviez l'accomplir;
vous seuls répondez de l'impossibilité où je me
suis dès-lors trouvé de rompre le secret. »

Mais , me dit-on , vous ne deviez pas promettre ce secret ; vous ne deviez pas prêter serment
de le garder.

Je l'ai déjà dit ; il me fallait opter entre une
révélation en partie conditionnelle, et un silence
absolu.

Dans ce dernier cas , je n'aurais rien su , ab-
solument rien ; et je ne vois pas ce que la justice
et le gouvernement y auraient gagné.

Au lieu qu'en acceptant la condition, j'obte-

mais au moins le droit de porter *le fait principal*
à la connaissance du gouvernement.

Sans doute, dans cette hypothèse, je ne faisais
pas connaître les criminels ; mais je faisais connaître le crime ; j'avertissais de son existence ;
je mettais le gouvernement sur ses gardes ;
enfin je lui indiquais, dans la condition même,
le moyen d'acquérir, s'il le voulait, les preuves
dont la production était subordonnée à cette
condition.

Quel est le citoyen qui, entendant dire que
le Roi serait assassiné tel jour, s'il allait à tel
spectacle, ne s'empresserait pas d'accueillir une
pareille révélation, lors même qu'elle serait ac-
compagnée de restrictions sur le nom des criminels, ou sur la preuve matérielle du crime ? Il
s'empresserait d'écrire, comme autrefois le sénat
romain à Pyrrhus: *Tu, nisi caveas, jacebis.* Le
Roi serait averti ; l'attentat serait prévenu ; le crime
ne serait pas puni, peut-être mais l'état serait-il
moins sauvé ?

Voilà ce qui m'a fait penser qu'en prêtant le
serment de garder le secret sur certaines circonstances, pour lesquelles on l'a exigé de moi,
j'ai cru encore servir mon prince et mon pays.

Qu'on me dise à présent que ma promesse a

été vaine, et mon serment nul; que j'ai pu m'en
dégager, et que la conscience doit se taire en
présence de la raison d'état?

Je réponds que je n'admets point de sem-
bles *capitulations*....

Peut-être me trompé-je; mais je n'aime point à
lutter avec ma tête contre mon cœur; je n'aime
point à établir de combat entre la dialectique et
l'honneur.

Dès qu'un scrupule s'élève dans mon âme,
quand je sais ma parole engagée; quand j'ai
promis surtout sous la foi du serment, je ne
sais point me dégager de mes promesses par des
restrictions mentales et des distinctions jésui-
tiques.

Pour moi, cette question n'est qu'une thèse
d'honneur, de conscience et de sentiment. Je
consens cependant à en faire une thèse de droit,
et à examiner si, dans le cas donné, la préten-
due raison d'état a pu me dégager de mes sermens?

Cette thèse de droit n'est pas nouvelle; plus
d'une fois le ministère public a essayé de la faire
consacrer par la jurisprudence; plus d'une fois
aussi ses efforts sont restés impuissans.

Entre plusieurs arrêts que je pourrais citer,
je me contenterai d'en rappeler un seul, parce
qu'il est émané de vous, et que votre jurisprudence passée m'est un garant de votre jurisprudence actuelle.

En 1810, dans l'année même où venait d'être
promulgué le Code pénal, et sous un gouvernement qui avait pris beaucoup de soin *à mettre
les révélations en honneur*, un particulier, qui
s'était rendu coupable d'un vol, s'adresse à
M. Laveine, prêtre catholique et vicaire de
Mons: il avoue le crime, veut s'en confesser, et
charge le vicaire de faire la restitution de la
somme volée.

« Le sieur Laveine, voyant que le principal
objet du déclarant est de faire une restitution,
lui répond que, pour cet objet, il n'est pas nécessaire de se confesser en ce moment: il l'en-
gage donc à s'expliquer amplement par forme
de conversation sur la *restitution* à faire.

Sur ce, le pénitent observe qu'en tout cas il
n'entend parler qu'à son *confesseur*, et sous le
sceau de la confession, c'est-à-dire sous la foi
d'un secret inviolable.

Le prêtre Laveine n'hésite pas à engager sa foi.
Après cela tous les renseignemens sont donnés

par le pénitent ; la personne volée est indiquée ; la somme à restituer est confiée au sieur Laveine. Celui-ci en fait la restitution au curé de Chièvres, au préjudice de qui en effet avait été commis un vol considérable.

Mais déjà le curé de Chièvres avait appelé, contre les auteurs du vol, l'action de la justice criminelle ; déjà trois individus avaient été mis en état d'arrestation.

Dans le cours de l'instruction criminelle, le juge instructeur eut connaissance de la *restitution* faite au curé de Chièvres par le sieur Laveine, vicaire de Mons ; il en conclut que le sieur Laveine pouvait donner à la justice des renseignemens positifs sur les auteurs du vol. En conséquence le prêtre Laveine est cité comme témoin.

Le prêtre comparaît : il consent à raconter comment il a été chargé de faire une restitution d'argent au curé de Chièvres ; mais quand on lui demande quel est le sexe et le nom de la personne qui l'a chargé de cette restitution, le sieur Laveine déclare ne pouvoir répondre, attendu que ce serait compromettre le pénitent qui s'est confié à lui sous la foi de la confession, et par suite de la promesse qu'il a expressément faite de garder un secret inviolable.

M. le procureur général de la cour de Jem-
mape, instruit de ce refus, a pensé que le
prêtre Laveine avait erré sur l'étendue du privilége de la qualité de prêtre catholique ; qu'à
la vérité il était dispensé de faire aucune révélation de tout ce qu'il aurait su au tribunal de la
pénitence, et par la voie de la confession, *mais
qu'il n'en était pas de même pour tout ce qui
s'était passé hors du tribunal de la pénitence;*
que ni le pénitent, ni le prêtre *n'avaient pu
créer, par leurs conventions particulières, un
privilége de non révélation* à l'égard de ce qui
s'est passé *entre eux dans leur conférence confidentielle,* mais purement naturelle ou civile.

Il requit donc : « Qu'il plaise à la Cour déclarer
» que le prêtre Laveine doit à la justice décla-
» ration entière des faits qui sont parvenus à sa
» connaissance *hors de la confession;* nommé-
» ment de la personne qui l'avait chargé de la res-
» titution dont il s'agit, etc.

Arrêt conforme. « Attendu que de tout fait con-
» fié sous tout autre secret que celui de la con-
» fession sacramentelle il est *dû révélation à la
» justice, quand elle l'ordonne pour le bien de
» l'administration d'icelle.* »

Sur le pourvoi en cassation, M. le procureur

général a pensé que le pourvoi devait être rejeté.

Mais cette opinion, il faut le dire, cette opinion révolta la Cour de cassation et tous les gens de bien : elle fut proscrite, et l'arrêt fut *cassé* le 30 novembre 1810 , sous la présidence de M. Barris.

Et qu'on ne dise pas qu'on le jugea ainsi parce qu'il s'agissait de confesseur et de confession. L'arrêt au contraire reconnaît et pose en fait que la révélation avait eu lieu *hors du tribunal de la pénitence* : mais il se fonde sur le *contrat* intervenu entre celui qui avait exigé le *secret* et celui qui l'avait promis ; sur ce que *la bonne foi et la confiance de l'un et de l'autre ne pouvaient pas être trompées;* en conséquence l'arrêt, après avoir épuisé tous les argumens tirés de la qualité de confesseur, et les avoir étendus même aux déclarations faites *hors du tribunal de la pénitence* , généralise encore davantage ses motifs: « Attendu *d'ailleurs*, dit la Cour , attendu D'AILLEURS *qu'une décision contraire blesserait* LA MORALE ET L'INTÉRÊT DE LA SOCIÉTÉ , casse.

Or , je vous le demande , Messieurs, la morale a-t-elle changé depuis 1810 ? n'est-elle plus la même en 1820 ? ce qui alors eût blessé l'intérêt de la société l'offenserait - il moins aujourd'hui ? et quelle subtile différence établira-t-on entre le confesseur qui reçoit une déclaration confidentielle, *hors du tribunal de la pénitence*, et le magistrat qui, *hors de son siége*, reçoit comme individu une déclaration qui ne lui est confiée que sous le sceau du secret?

Non, Messieurs, il n'existe aucune différence entre eux; le principe de décision est le même; le magistrat dans ce cas n'est pas tenu de révéler ce qu'il n'est pas censé savoir : *Non sufficit ut judex sciat, sed oportet ut ordine juris sciat.*

Opposera-t-on que là il ne s'agissait que d'un *vol*, au lieu que dans mon affaire il s'agit d'un *crime d'état?*

Ici, Messieurs, ma défense va devenir plus victorieuse encore. Le plus noble des exemples, la plus imposante des autorités vont servir à la décision du procès.

Cet exemple, je le trouve dans la vie de Lamoignon; cette autorité sera celle de Louis XIV. Dans une espèce semblable à la mienne, vous allez voir la conscience du magistrat aux prises avec le pouvoir absolu, et vous verrez le pouvoir absolu vaincu par la conscience du magistrat.

Dans la vie du président de Lamoignon, imprimée en tête de ses *arrêtés*, avec *approbation de la censure, et privilége du Roi*, en 1783, on lit ce qui suit ; à la page XLV :

« Vers le même temps des personnes considérables, dont le nom n'a pas été connu de la famille, confièrent à M. de Lamoignon un dépôt important de papiers : la cour en fut instruite ; l'inquisition ministérielle s'éveilla. Un secrétaire d'état écrivit à M. de Lamoignon que le Roi voulait savoir ce que contenait le dépôt. M. de Lamoignon répondit : *Je n'ai point de dépôt, et si j'en avais un, l'honneur exigerait que ma réponse fût la même.* M. de Lamoignon, mandé à la cour, parut devant le Roi, en la présence du secrétaire d'état ; il supplia le Roi de vouloir bien l'entendre en particulier. Il lui avoua pour lors qu'il avait un dépôt de papiers, et l'assura qu'il ne s'en serait jamais chargé si ces papiers eussent contenu quelque chose de contraire à son service et au bien de l'état. » Votre Majesté, ajouta-t-il , me refuserait son » estime si j'étais capable d'en dire davantage.

« Aussi, dit le Roi, vous voyez que je n'en » demande pas davantage. Je suis content. »

« Le secrétaire d'état rentra dans ce moment, et dit au Roi : Sire, je ne doute pas que M. de

Lamoignon n'ait rendu compte à Votre Majesté
des papiers qui sont entre ses mains.

« Vous me faites là, dit le Roi, une belle
» proposition, d'obliger un homme d'honneur
» de manquer à sa parole. » — Puis se tournant
» vers M. de Lamoignon : « Monsieur, dit-il, ne
» vous dessaisissez de ces papiers que suivant la
» loi qui vous a été imposée par le dépôt. »

Qu'on dise à présent qu'un magistrat ne peut
pas promettre le secret, et qu'il doit livrer des
papiers qui ne lui ont été livrés que sous le sceau
de sa parole d'honneur! — Chacun répondra
avec ce monarque, qui *avait la science du pou-*
voir, c'est-à-dire de la grandeur d'âme et de la
bonne foi : « Vous me faites là une belle propo-
» sition, d'obliger un homme d'honneur de
» manquer à sa parole ! »

Voilà ma cause, Messieurs ; vous pouvez
désormais me juger. Votre arrêt fera connaître
si les principes ont changé avec les temps, et si
un magistrat de Cour souveraine a pu encourir
votre censure, parce qu'il aura pensé qu'il était de
son honneur de tenir à sa parole et de garder ses
sermens!

12

RÉPLIQUE.

Monseigneur, Messieurs,

Quand je vis la Cour me refuser le secours d'un avocat, je pensai que, déjà convaincue des motifs honorables et de l'utilité de ma démarche, elle voulait m'indiquer par sa détermination qu'il me restait peu d'efforts à faire pour ma défense.

J'espérai du moins, et la Cour espérait peut-être aussi que M. le procureur général attendrait pour me condamner les explications que je fournirais dans mes réponses. Mais déjà l'opinion de mon accusateur était arrêtée d'avance, déjà *mon interrogatoire était inutile pour lui*, et son réquisitoire si véhément, tel qu'une épée dès long-temps préparée pour le combat, a été tiré du portefeuille comme d'un fourreau où il reposait, sans que la franchise et l'évidence de mes réponses en aient adouci l'excessive sévérité.

J'avais pris l'engagement de m'abstenir des
discussions politiques dont M. le procureur général m'a donné l'exemple : vous avez vu, Messieurs, quel scrupule j'ai mis à tenir cet enga-
ment; je veux le respecter encore : néanmoins,
je ne m'interdirai point quelques observations
sur les passages de son discours, qui auraient
le mieux justifié une digression sur cette matière délicate. J'ai parlé de la résignation et des
vertus d'une classe long-temps persécutée; j'en ai
retracé rapidement, mais avec fidélité, l'histoire
dans ma lettre à M. Pasquier, lettre qui a été
mise sous vos yeux et sous ceux de M. le procureur général.

Quels n'ont point été mon étonnement et mon
affliction, en entendant M. le procureur général, à votre dernière audience, soutenir que les
crimes de 1815 n'avaient point été impunis, et in-
sinuer que d'ailleurs une sorte de COMPENSATION
s'était établie entre les crimes de 1815 et les pré-
tendus crimes des cent jours. Que dis-je, Messieurs, l'inconcevable expression de REPRÉSAILLES
fut prononcée à votre audience; je ne l'ai point
retrouvée dans le *Moniteur*, où l'on a craint de
la reproduire, mais je l'ai retrouvée sur mes notes
d'audience. REPRÉSAILLES, mot cruel que je re-

pousse en fait et en droit ; en fait, parce qu'aucun crime n'a provoqué dans les cent jours les massacres de 1815; en droit et en morale , parce qu'aux yeux des magistrats il n'y a d'autres REPRÉSAILLES des crimes que les arrêts qui les condamnent.

Au milieu des discussions orageuses de la Chambre, des orateurs violens se sont permis ces assertions funestes; mais jamais jusqu'ici un organe du ministère public parlant devant des magistrats, ne les avait répétées et ne s'était exposé à enlever aux victimes de la persécution jusqu'aux consolations de la pitié.

Ce que la déplorable année de 1815 n'avait point entendu, j'eus la douleur de l'entendre à votre dernière audience, et cependant je n'y ai pas répondu dans mon plaidoyer.

J'ai gardé le silence parce que j'espérais que vous n'aviez pas perdu le souvenir de ma lettre à M. Pasquier , et que vous me tiendriez compte de ma modération.

Je n'accepterai point l'indulgence que m'offre M. le procureur général, de même que je n'ai pas accepté les éloges que M. Pasquier voulait me faire payer si cher. Je n'accepterai point l'indulgence de M. le procureur général, s'il faut ;

pour l'obtenir , exprimer un repentir que je n'é-
prouve pas , et désavouer une bonne action.

M. le procureur général vient de me reprocher le silence que j'ai gardé sur ma lettre à
M. Portalis ; ah ! Messieurs, qu'il m'eût été aisé de
répondre victorieusement sur ce point; mais je
ne voulais point user de tous les avantages que
le pouvoir m'a donnés sur lui ; et pour vous prouver , Messieurs , que je n'étais point embarrassé
d'une réponse , je vais vous lire ce j'avais écrit
avant votre audience , et dont une modération ,
excessive peut-être , m'avait fait faire le sacrifice.
J'espère maintenant que personne n'aura l'injustice de me faire un tort de l'énergie de cette
réponse , et qu'on ne se plaindra que de ceux qui
m'ont réduit à la mettre au jour.

Nota. Ici M. Madier lit ce qui suit, écrit sur une
feuille de papier, que le *Journal des Débats* a transformée
en un *cahier* de réplique préparé d'avance , tant il se
croit intéressé à contester toute espèce de mérite aux
accusés.

« Je ne cherche point à nier que l'épigraphe
que j'ai choisie pour ma lettre à M. Portalis, n'eût
pu exciter des plaintes, si la lettre alarmante
qu'il m'a écrite eût été adressée à un autre que

moi ; mais M. Portalis, dont l'attention avait été appelée sur moi par ma pétition, n'ignorait pas que depuis six ans, toutes les fois que la juste indignation des victimes d'une atroce persécution a alarmé les ministres, c'est à moi qu'ils se sont adressés pour la calmer. Toutes les fois que ces malheureux ont voulu demander hautement justice au Roi, c'est à moi que les ministres se sont adressés pour présenter des espérances à leur douleur ; pour leur faire attendre que les CIRCONSTANCES permissent d'accomplir le plus pressant devoir, le châtiment des assassins. Les CIRCONSTANCES ! excuse banale et méprisable de la faiblesse et de l'irrésolution !! Et c'est moi que les ministres ont fait l'apôtre de cette fatale doctrine ! des circonstances ! Oui, Messieurs, j'ai fait, pendant plusieurs années, cette déplorable concession ; j'ai demandé aux victimes, pour unique prix de mon dévouement, une résignation, une patience sans bornes, dans l'espoir que ce sacrifice leur serait compté. »

» J'ai bravé les reproches des hommes qui s'alarmaient de me voir abuser de mon ascendant, pour arracher des sacrifices qu'aucun devoir ne commandait. Je n'ai, hélas, que trop mérité l'accusation de prêter mon appui à cette

politique équivoque qui a ouvert un abîme devant nous. »

» En obligeant les victimes à supporter la vue
de leurs assassins, qu'ils rencontraient à chaque instant armés d'un glaive encore humide ;
en retenant leurs cris prêts à s'échapper, j'ai
assumé la responsabilité la plus pesante ; je leur
ai fait perdre, sans retour peut-être, l'occasion
de voir leur avenir assuré par le châtiment de
leurs bourreaux. »

« Tel a été l'abus que j'ai fait des droits que
j'avais acquis à la reconnaissance de ces infortunés. »

« Jamais, du moins dans leurs relations
avec moi ; jamais, du moins en face de mes
amis, les ministres n'avaient contesté les devoirs du Gouvernement, ni le scandale effrayant
de l'impunité, ni le mérite d'une résignation si
généreuse. »

« Ils se bornaient à me répondre : IL N'EST PAS
ENCORE TEMPS ! Et pendant cinq ans, telle a été
leur unique réponse. S'ils avaient fini par me
dire : *il est trop tard,* IL N'EST PLUS TEMPS, je
n'aurais eu ni assez de douleur, ni assez d'indignation pour leur reprocher de m'avoir rendu
complice de leur fatal système, et d'avoir fait

de mon nom une déception homicide pour des malheureux qui me croyaient leur défenseur. »

« Eh bien, Messieurs, j'étais destiné à subir une punition plus cruelle. Tout-à-coup les ministres m'ont dit : Il n'y a point de coupables impunis ; vos plaintes reposent sur des chimères ; il n'y a point eu d'impunité ; au reste, fournissez, si vous le pouvez, les preuves ou *commencemens de preuves de l'impunité qui*, SELON VOUS, *a été accordée aux assassins.* (1) »

« Et c'est à moi que ces paroles sont adressées ! à un magistrat de Nîmes, à un magistrat qui annonce que TROISTAILLONS vient de rentrer dans Nîmes en triomphateur ! et celui qui me les écrit, ces paroles, représente momentanément le ministre qui a déploré l'impunité des crimes avec toute la puissance de l'éloquence et de la douleur ! Quoi ! votre chef et le mien a proclamé qu'une faction était en tout lieu plus puissante que la justice, et vous croyez que je suis *le seul* à me plaindre de l'impunité ! !..... Vous m'écrivez avec une indifférence, j'ai presque dit avec une ironie cruelle, de donner les *commencemens de preuves* de cette impunité. Ce n'est que SELON MOI que des crimes horri-

_____

(1) Expressions de la lettre de M. Portalis.

15

bles attendent encore un châtiment ! Hélas !
vous savez bien que c'est aussi selon la France
et l'Europe entière ; et ce sera selon l'histoire si,
après la terrible, mais juste interpellation que
vous avez reçue de moi, les assassins continuent à nous épouvanter . »

« Rappelez-vous, Messieurs, le noble discours qu'un député du Gard prononça au sujet
de ma pétition sur les événemens de Nîmes, et
la cause du triomphe des assassins ; souvenez-
vous surtout que ses assertions ne trouvèrent pas
un seul contradicteur , et qu'un profond silence
servit dans ce moment d'expiation solennelle à
ces horribles clameurs , dont la même enceinte
avait retenti quelques années auparavant contre
M. D'Argenson : rappelez-vous le discours du
23 mars , de M. de Serres, le supérieur de
M. Portalis comme le mien , et décidez ensuite
si c'est en effet *selon moi seul* que l'impunité
est devenue le caractère distinctif de la malheureuse époque où nous vivons. »

« Je ne vous dirai pas, Messieurs, quel terrible effet produisit à Nîmes cette inconcevable
lettre de M. Portalis, qui paraît aujourd'hui si
digne d'éloges à M. le procureur général ; je ne
vous dirai pas que , sans égard pour mon afflic-

tion, mes meilleurs amis achevèrent de m'accabler, en répétant à l'envi que je recevais enfin, de la part des ministres même, le châtiment mérité de mon dévouement à leur système de temporisation ; non, Messieurs, vous concevriez une fausse idée des motifs qui me déterminèrent, si vous pouviez penser que ma lettre fut destinée à servir de protestation solennelle, et à prouver mon repentir. »

« Un sentiment plus élevé m'inspirait dans ce moment ; je voulais faire connaître à M. Portalis ce que sa froide indifférence avait de cruel pour les malheureux dont j'étais entouré ; et si tout ce qui s'échappait alors de mon esprit et de mon cœur ne vint pas se placer sous ma plume, c'est que je me souvins, non pas de sa puissance, mais du rang auquel le Roi l'avait élevé ».

» Maintenant, je vous le demande à vous-mêmes, Messieurs, *qu'y a-t-il* entre le magistrat qui le premier, après M. de Serre, a élevé la voix contre TROISTAILLONS, et le magistrat qui a écrit, *il n'y a point d'impunité*, au moment où ma pétition lui apprenait que Nîmes épouvantée venait de voir rentrer dans ses murs l'effroyable sacrificateur des victimes que le fanatisme politique offre au fanatisme religieux.

(Après cette lecture, M. Madier continue de répliquer en ces termes :)

Voilà , Messieurs , des vérités que j'adresse à votre conscience , et , si elle ne m'absout point entièrement , vous devez me juger avec d'autant plus de sévérité que je suis bien éloigné du repentir.

Quant aux explications qu'on me reproche de n'avoir point fournies sur la réorganisation clandestine de la garde nationale , je vais me borner à rappeler ce que j'ai dit dans mon interrogatoire.

Il faut bien que les ministres , aujourd'hui si incrédules , n'aient pas toujours été si scandalisés de cette accusation , puisque le ministre de la guerre , averti par plusieurs de mes amis de ce conciliabule et de ces délibérations , entre autres du plan d'attaque et de calomnie contre l'ancienne garnison , avait très-favorablement accueilli et mes avertissemens et mes demandes. Le silence qu'à gardé le ministre de la guerre sur cette partie de ma pétition, prouve la vérité de ce que j'ai avancé.

C'est manquer de générosité que d'écarter le témoignage si imposant du ministre de la guerre pour me demander *la preuve légale de ce que l'on sait mieux que moi.*

Je ne dirai pas que l'évidence ne se prouve pas ; mais je dirai, au sujet de la garde nationale de Nîmes, comme au sujet de la note secrète : Il est des temps ou rien n'est si périlleux et si difficile que de prouver l'évidence ».

M. le procureur général s'indigne de la publication de mes *rapports officiels ;* mais je n'ai jamais redouté pour eux la lumière ; je ne les ai point envoyés au ministère sous le sceau du secret, et lorsque ma conduite était attaquée, je n'ai jamais pu penser qu'il me serait interdit de justifier *mes actes par mes actes* (1).

On me reproche encore d'avoir attaqué la décision de divers jurys ! — Ah ! sans doute, en en thèse générale, rien n'est plus respectable que la décision d'un jury qui consacre l'innocence d'un accusé ; mais lorsque le crime était évident, lorsqu'il était avoué, prouvé, convenu, je n'ai pu voir dans de tels acquittemens qu'une scandaleuse impunité ! Je l'ai dit, et avant moi Monseigneur le garde-des-sceaux, dont tous les discours viennent sans cesse me justifier *des accusations dont il est le juge,* Monseigneur le garde - des - sceaux, avait déploré ce scandale

---

(1) *Voyez* d'ailleurs l'avertissement qui précède la publication de ces rapports.

avec plus d'éloquence que je ne puis le faire en signalant les tristes décisions des jurys appelés à juger les assassins de Lagarde et de Fualdès!

M. le procureur général m'a dit que je devais m'adresser à la justice pour la poursuite des complots que je connais; il me reproche de me défier de la fermeté de la Cour de cassation : je sais, Messieurs, tout ce qu'on doit de confiance à ses vertus, et que c'est ici que les libertés publiques ont trouvé leurs plus courageux défenseurs ; mais Monsieur le procureur général me propose-t-il SÉRIEUSEMENT de charger la justice des poursuites que le ministère seul devrait commencer! M. le procureur général m'offre-t-il SÉRIEUSEMENT l'espérance de voir des factieux tout puissans céder à la justice une victoire que d'obscurs sicaires ont partout remportée contre elle ? Puis-je SÉRIEUSEMENT espérer que des personnes éminentes seront punies, lorsque *Trois-taillons* brave les accusations du chef de la justice même?

J'aurais pu vous dire, Messieurs, qu'un arrêt de censure pourrait devenir pour moi un arrêt de mort, parce qu'il m'enleverait les garanties qui me restent encore contre les poignards; mais je n'ai point voulu descendre de la hauteur de ma situation pour vous attendrir; je ne vous ai présenté que des considérations d'intérêt public, et ce n'est que comme une nouvelle protestation contre l'impunité du crime , que je vous rappelle que *Troistaillons* m'attend !

Je n'ai plus rien à ajouter.

CONCLUSIONS.

A Sa Grandeur Monseigneur le garde-des-sceaux, à M. le premier président et à MM. les présidens et conseillers formant la Cour de cassation.

« Joseph - Paulin Madier de Montjau, conseiller à la Cour royale de Nîmes, chevalier de la Légion d'honneur, a l'honneur d'exposer humblement ce qui suit :

» Attendu que M. Madier de Montjau, loin de refuser au gouvernement des avertissemens, n'a cessé de révéler tous les crimes et délits dont la connaissance lui est venue dans et hors l'exercice de ses fonctions, et que des rapports officiels et des lettres confidentielles en font foi ;

» Attendu que ce n'est qu'après avoir recouru aux révélations confidentielles, et en avoir reconnu l'inutilité qu'il a usé du droit de pétition réservé par la Charte à tous les Français;

» Attendu qu'il a signalé l'existence d'un gouvernement occulte, rival et ennemi du gouvernement du Roi; qu'il l'a signalé de la manière la plus éclatante en s'adressant aux Chambres par voie de pétition;

» Attendu que si cette indication a laissé désirer quelques indications secondaires, on ne peut en faire un reproche à M. Madier de Montjau; qu'avant de rien entreprendre à ce sujet il a eu à opter entre le silence absolu de ceux qui se sont adressés à lui et la condition à lui imposée, sous le sceau de l'honneur et la foi du serment, de ne *divulguer* que les faits qu'il a depuis portés à la *connaissance* du gouvernement;

» Attendu que, dans cette alternative, il a mieux aimé subir les effets d'une condition restrictive que d'exposer le gouvernement aux risques d'ignorer long-temps encore peut-être le fait principal dont il importait surtout d'amener la prompte révélation;

» Attendu qu'il n'a pas été au pouvoir de

M. Madier de Montjau de prévenir les restrictions apposées aux déclarations qu'il a reçues; qu'il s'est trouvé, à cet égard, dans la position d'un *confesseur*, et qu'aux yeux de sa conscience, comme à ceux de tout homme d'honneur, il n'est pas censé avoir su ce qui ne lui a été confié que sous le sceau d'un secret promis avec serment;

» Attendu que les motifs de la condition restrictive ont été, de la part des révélateurs, la crainte de voir les criminels impunis; que cette crainte à leurs yeux avait pour principe l'impunité des crimes précédens commis par les mêmes hommes, et qu'on n'avait pas poursuivi notamment les auteurs de la *Note secrète*; que dès-lors les révélateurs s'attendaient à se trouver exposés à la vengeance d'un parti qui, dans Nîmes, a exercé pendant long-temps l'assassinat avec impunité;

» Attendu que l'exposant, lié par ses paroles, n'avait à se constituer juge ni de la condition ni de ses motifs, et qu'il n'est jamais entré dans ses principes d'opposer à ses promesses la rescription mentale de les violer ultérieurement; que cependant le procès qui lui est fait aujourd'hui consiste uniquement dans les reproches de

14

n'avoir pas manqué à sa parole d'honneur en trahissant la confiance de ceux qui ne s'étaient adressés à lui que sous la foi du serment ;

» Attendu enfin que toute la conduite de l'exposant démontre que sa vie publique n'a été qu'un long acte de dévouement à l'humanité et à son pays; et que, fidèle à l'exemple de son père, il n'a pas rempli les devoirs de sujet avec moins d'ardeur que ceux de citoyen ;

« Conclut humblement à ce qu'il plaise à la Cour daigner reconnaître qu'il n'a encouru aucune censure, et qu'il ne s'est, en aucun temps, montré indigne des saintes fonctions qui lui ont été confiées par le Roi.

« *Signé* MADIER DE MONTJAU. »

———

Après une délibération de trois heures et demie, M. le garde-des sceaux prononce l'arrêt suivant :

« La Cour, vu l'article 82 de l'acte du gouvernement du 16 thermidor an X; attendu que le sieur Madier, dans des pétitions adressées à la Chambre des Députés, a dénoncé l'existence d'un gouvernement occulte qui contrarierait, par

des manœuvres ténébreuses, l'action du gouvernement légitime; qu'il a dénoncé particulièrement une circulaire sous le n° 34, qui aurait
eu pour objet *d'organiser l'assassinat dans la
ville de Nîmes*; qu'il a affirmé dans ces pétitions
connaître les auteurs de cette circulaire; qu'il a
aussi dénoncé des conciliabules qui se seraient
tenus à Nîmes, dans la nuit du 7 au 8 janvier,
pour l'inspection secrète de la garde nationale,
qui était alors dissoute par l'autorité du gouvernement, pour y remplacer des officiers
décédés, et enfin pour organiser un plan
d'attaque et de calomnie contre la garnison, à
l'effet d'en obtenir la translation;

» Qu'appelé devant la justice pour donner sur
ces faits et leurs auteurs les renseignemens qui
seuls pouvaient diriger l'action des magistrats
chargés de la poursuite des crimes, il a refusé de
les faire connaître; que pour motiver ce refus il a
allégué un prétendu serment dont encore il
n'avait parlé dans aucun de ses écrits, et par
lequel il se serait lié envers ceux qui lui avaient
révélé les crimes par lui dénoncés;

« Que sur les questions qui lui ont été faites
devant la Cour, il a persisté à soutenir l'existence
du prétendu gouvernement occulte, et celle des
circulaires émanées de lui; qu'il a déclaré de

nouveau connaître les noms de ceux qui avaier t rédigé ces circulaires , et qui faisaient partie de ce gouvernement ;

« Qu'il a également allégué le serment prétendu par lui prêté pour justifier son refus de les faire connaître à la justice ; mais qu'un serment prêté volontairement , *hors la nécessité de fonctions civiles et religieuses* , ne pouvait être un motif légitime de refuser à la justice des révélations qu'elle requérait dans l'intérêt de la société ; que le refus de répondre, fait par le sieur Madier , a donc été une infraction à la loi, une déso-béissance à la justice ; et que, si dans l'erreur de sa conscience, il croyait que le serment qu'il dit avoir prêté devait avoir pour lui plus d'autorité que la volonté de la loi et l'intérêt de la chose publique , il devait s'abstenir de publier des crimes dont il voulait ensuite refuser de pro-duire les preuves, en même temps qu'il affir-mait les avoir en main ;

» Que sa conduite est d'autant plus répréhen-sible que son caractère de magistrat en rendait l'exemple plus dangereux ; qu'il en a aggravé les torts depuis la citation qui lui a été donnée pour comparaître devant la Cour, par la publication d'écrits propres à entretenir la méfiance et les haines parmi les citoyens, et par la publication de rapports faits en sa qualité de président de la Cour d'assises au chef de la justice, à qui seul appartenait de juger s'ils devaient être publiés ou demeurer secrets ;

« Que, par tous ces faits, le sieur Madier a manqué essentiellement aux devoirs que lui imposait la dignité de ses fonctions, et gravement compromis celle de la Cour dont il est membre;

» Par ces motifs, la Cour *censure avec réprimande* le sieur Madier, et le condamne aux frais de la citation, ainsi qu'à ceux de la notification et de l'expédition du présent arrêt ».

OBSERVATIONS.

Le premier considérant de l'arrêt repose sur une *erreur de fait*. La circulaire 34 n'ordonne pas d'organiser l'assassinat; elle dit : *Organisez-vous ; les avis, les ordres et l'argent ne vous manqueront pas.* Je sais que les hommes aux circulaires ne seraient nullement affligés de voir recommencer les REPRÉSAILLES de Nîmes; mais, je le répète, ils n'ont pas dit dans la circulaire 34 *d'organiser l'assassinat.*

Le considérant relatif aux obligations du serment ne semble pas en parfaite harmonie avec
l'arrêt rendu dans l'affaire Lavesne, dans lequel,
après avoir épuisé tous les argumens tirés de la
qualité de confesseur, et les avoir étendus *même
aux déclarations faites hors du tribunal de la
pénitence*, la Cour avait encore plus généralisé
les motifs en ces termes : *attendu* D'AILLEURS
qu'une décision contraire BLESSERAIT LA MORALE
ET L'INTÉRÊT DE LA SOCIÉTÉ , *casse.*

Les considérans pris dans leur ensemble pa-
raissaient commander un arrêt plus sévère.

Plusieurs journaux ont entretenu leurs lec-
teurs d'un prétendu colloque qu'ils assurent avoir
eu lieu, avant la prononciation de l'arrêt, entre
mon père et le gardes-des-sceaux : ils y font dire
à mon père que je suis malade, et que sur cette réponse le garde-des-sceaux donne ordre aux
huissiers de me ramener devant lui. Ces assertions sont autant de mensonges. Je n'ai pas été
un instant malade , mon père ne m'a pas quitté
un instant, et nous sommes rentrés ensemble à
l'audience.

Les mêmes journaux expriment un vif désir
de me voir donner ma démission ; ils ne l'ob-
tiendront pas mieux que le grand personnage

qui a fait de vains efforts pour m'y déterminer.
Si je quittais un jour la magistrature, ce ne serait certes pas dans la pensée que je suis devenu
indigne d'elle.

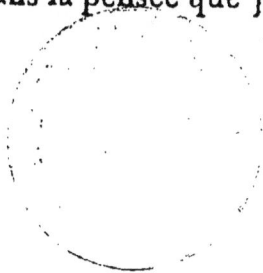

IMPRIMERIE DE P. DUPONT.

www.ingramcontent.com/pod-product-compliance
Lightning Source LLC
Chambersburg PA
CBHW071212200326
41519CB00018B/5485